Wie werde ich ein Berliner?

Carmen Böker • Silvia Meixner

Wie werde ich ein Berliner?

In 55 Schritten zum Hauptstädter

B&S

BOSTELMANN & SIEBENHAAR

Mit sieben Zeichnungen von Regina Mischeff

Layout: nawim96
Umschlaggestaltung unter Verwendung des Offsetdrucks »Berlin ist eine Reise wert« von Werner Wilhelm Bürger, um 1955, Staatliche Museen zu Berlin – Preußischer Kulturbesitz, Kunstbibliothek
Satz: Bostelmann & Siebenhaar Verlag
Druck und Bindung: Offizin Andersen Nexö Leipzig

ISBN 3-934189-90-3

Inhaltsverzeichnis

Präludium für eine unbekannte Größe

Was ist Berlin? »Berlin ist dazu verurteilt, immer nur zu werden, nie zu sein«, schrieb der Publizist Karl Scheffler 1910. Manche sagen heute, Berlin sei eine psychiatrische Anstalt, 24 Stunden geöffnet, und es sind nur wenige kompetente Ärzte in Sicht. Dafür um so mehr Glücksritter und Dilettanten und Hochstapler: Menschen, die auf den ersten Blick nett und harmlos aussehen. Man trifft sie überall. Selbst erfahrene Psychiater können nicht jeden schweren Fall gleich erkennen. Das macht das Leben für die Irren leicht.

Berlin gleiche einem Theater, das täglich mehrere Vorstellungen gibt und nie ausverkauft ist, schwärmen die anderen. Es ist die Stadt der Selbstdarsteller, Glückssucher, Idealisten, Künstler und Tagträumer. Menschen, die auf den ersten Augenschein so gar nicht nett aussehen. Deshalb muß man in Berlin immer zweimal hinsehen.

Rat- und hilflos steht der Neuankömmling vor dem Durcheinander, aus dem irgendwann einmal die beispielhafte Metropole für das 21. Jahrhundert entstehen soll. Der Eintritt ist gratis und kostet dennoch unendlich viel: Kraft, Humor, Ausdauer. Der Mensch entsteigt ohne böse Hintergedanken dem Flugzeug, dem Zug oder dem Auto. Sein Kopf ist voll von zahlreichen Ratschlägen und Warnungen. Dennoch ist er guten Mutes. Das spricht für ihn, obwohl es ihm nicht viel nutzen wird.

Geschenkt bekommt der Neuberliner anfangs kaum etwas, später noch weniger. So wird er als geübter Hauptstädter mit der Zeit selbst für ein kleines, hingehauchtes Lächeln dankbar wie andere Menschen anderswo für einen Fünfzig-Euro-Schein, der unverhofft auf der Straße liegt. Ein strahlendes Lächeln hat in Berlin schon den Gegenwert eines 500-Euro-Scheins. Hier kommt ein fröhliches »Guten Tag!« einem Lottogewinn gleich. Aber das ahnt er am Anfang natürlich nicht. Und das ist gut so.

Die ersten Schritte sind, wie im richtigen Leben, die schwierigsten. Man stolpert, fällt hin und holt sich blaue Flecken. Die ersten Schritte sind dennoch auch die schönsten – zumindest dann, wenn man sich später erinnert und darüber lachen kann. Aber so weit sind Sie noch lange nicht.

Mit »Wie werde ich ein Berliner – In 55 Schritten zum Hauptstädter« kann der Neuankömmling die Stolpersteine erkennen und aus dem Weg räumen: Wie finde ich mich in der Metropole zurecht, wo gehe ich hin, wen muß ich kennen, welche Orte sollte ich aufsuchen, welche tunlichst meiden?

Es ist einfach, wenn man John F. Kennedy heißt, amerikanischer Präsident ist, auf einen Sprung vorbeikommt und mit einem Satz Geschichte macht. Am 26. Juni 1963 sagte er: »Vor zweitausend Jahren war der stolzeste Satz, den ein Mensch sagen konnte, der: ›Ich bin Bürger Roms‹. Heute ist der stolzeste Satz, den jemand in der freien Welt sagen kann: Ich bin ein Berliner. (...) Alle freien Menschen – wo immer sie leben mögen – sind Bürger dieser Stadt West-Berlin, und deshalb bin ich als freier Mann stolz darauf, sagen zu können: Ich bin ein Berliner.« Sprach's – und weg war er.

Es ist ungleich schwieriger, wenn man Müller oder Matsumo heißt und nicht aus dem Weißen Haus, sondern aus Wanne-Eickel oder Hakkensan am Kii-Gebirge kommt. Dann nämlich mußt du dir den Moloch selbst erobern. Und niemand wird dir dabei helfen – niemand außer uns.

»Hammses nicht kleiner?«

Und warum stumme Taxifahrer selten reden

Nicht selten ist ein Taxifahrer derjenige, mit dem der Neuankömmling seine ersten Worte in Berlin wechselt. Mit energisch gerecktem Kinn hat er – ob Bahn, ob Fernbus, ob Flugzeug – verlassen, was ihn hierher befördert hat. Vertrauensvoll nähert er sich der großen Stadt. Um die richtige Strategie für alle zukünftigen Exkursionen entwickeln zu können, muß er sich nur noch möglichst zügig zu seiner neuen Basisstation begeben. Ganz gleich, ob der erste Weg nun ins neue Büro, ins Hotel oder die (noch leere) Wohnung führt: Ein Taxi muß her, und zwar schnell!

Schon diese unangebrachte Hastigkeit ist es, die Berliner Taxifahrer milde den Kopf schütteln läßt: »Eine halbe Stunde dauert nun mal 30 Minuten, und ein alter Mann ist kein D-Zug!« (Besser kann man im übrigen nicht in den reichhaltigen Berliner Sprichwortschatz eingeführt werden.) Die in amerikanischen Filmen so beliebte Szene »Folgen sie dem Wagen da vorne, und zwar schnell!« wird als eine der Berufsehre abträgliche Propagandamasche verachtet. Wer sich hier allzu ungeduldig gebärdet, muß nachsitzen und wird mittags über den Kurfürstendamm chauffiert, obwohl es viel schneller über die Lietzenburger Straße ginge. Wer Pech hat, muß sich dazu belehren lassen: »Sehnse, det is Berlin!« Schadenfreude, das lernt der Neuberliner schnell, ist eine dem Taxifahrer nicht eben fremde Eigenschaft.

Dabei lastet ja eigentlich eine gewaltige Verantwortung auf denen, die sich trotz eines guten Jahrhunderts der Motorisierung immer noch beharrlich Droschkenkutscher nennen: Denn, so lehrt uns das Sprichwort: »Der erste Eindruck ist entscheidend.« Welch' glückliche Impression einer Stadt kann es also vermitteln, wenn der Wartende den Neuankömmling mit ausgebreiteten Armen willkommen heißt, ihm einladend die Tür öffnet und die schweren Taschen an sich nimmt! Doch müssen wir auch Verständnis dafür aufbringen, daß er sich nicht dem gefährlich heranbrandenden Verkehr aussetzen mag und stattdessen dem schwerbeladenen Passagier in spe »Der Kofferraum ist offen« entgegenruft. Die Zeichen sind nicht leicht zu deuten – doch ist der Debütant nur allzu willig, hinter der soeben kennengelernten Berliner Schnauze auch das vielgerühmte Berliner Herz zu vermuten. Unsere Typologie erleichtert die Suche danach mit fünf Mustersituationen. Abweichungen davon sind bisher nicht bekannt geworden.

Modell »Eingeborener«

Ein Mercedes älteren Kalibers, aber ta-del-los in Schuß, wie man hier gern sagt, und dabei den oberen Teil des Kotflügels tätschelt: Keine Mückenkadaver auf der Frontscheibe beeinträchtigen die Sichtverhältnisse, die Radkappen sind spiegelblank, und der Fahrgast sieht dem seidenmatt glänzenden Lack die liebevoll polierende Hand und »Johnson's Autopudding« an. Hier fährt Vati noch selbst – will heißen: Der Fahrer ist auch gleichzeitig der Besitzer des Gefährts. Beim Einsteigen darauf achten, daß die Webpelz-Schonbezüge nicht verrutschen! Anderenfalls drohen sachbezogene Referate nicht unter Fahrtende – über Unachtsamkeit im Allgemeinen und Schlampigkeit im Besonderen. Man fühlt sich dann – auch als Inhaber eines gutdotierten Postens in einem führenden Industrieunternehmen – ein wenig wie damals im Kindergarten, als man der einzige war, der sich vor dem Mittagessen die Händchen nicht gewaschen hatte und prompt von der Erzieherin ertappt wurde. Es lohnt sich, die anfänglichen Entgleisungen wiedergutzumachen, denn dieser Typus ist mit hoher Wahrscheinlichkeit ein echter, eingeborener Berliner – und als Fremdenführer hat er seine Qualitäten. Erläuterungen, warum die Avus eigentlich Avus heißt, unterbricht er nur, um aus der mitgeführten Thermoskanne (traditionell an der mittleren Konsole befestigt) einen Schluck Kaffee Hag zu trinken. Er erinnert – trotz kariertem Hemd und von Hosenträgern gehaltener Stretchhose – ein wenig an Berlins Vorzeige-Panda Bao Bao: gemütlich, solange ihn niemand reizt.

Modell »Wasserfall«
»Wo kommen Sie her? Wien? Schöne Stadt, war ich auch mal mit dem Schützenverein. Sogar der Sissi ihr Turnzimmer haben wir uns da angesehen. Aber teuer ist das da! Spanien ist ja viel billiger. Außerdem ist das Bier da auch viel besser! Letzten Sommer sind wir mit dem Wohnmobil bis runter nach Barcelona ...« Es mag halb drei Uhr nachts sein, und Sie gähnen, daß der Kiefer nur so knackt. Sie schließen die Augen und tun so, als wären Sie todmüde. Das muß er merken! Doch weiter plätschert der Redestrom, er mäandert von Hertha BSC, der Berliner liebster Fußballmannschaft, bis zur Top-Aussichtsplattform Reichstagskuppel (unbedingt die Gelegenheit ergreifen, wenn die Warteschlange mal nicht kilometerlang ist – schon bald wird wieder die Kuppelputzmannschaft anrücken und für eine mindestens viertägige Schließung sorgen). Sie vollführen in ihrer Verzweiflung eine kleine Performance mit zwei Oropax, die ihr Peiniger gekonnt übersieht. Sie erwägen trotz der nächtlichen Stunde, das Handy zu betätigen – und sei es, um nur die Zeitansage anzurufen ... Doch gnadenlos tönt es von vorn: »Wen wollnse denn jetzt anrufen! Schlafen doch alle!« (Und das ist nicht erfunden ...!)

Alles schläft, einer wacht. Das wird er nicht müde zu demonstrieren. Schneidig ist er durch die große Pfütze gezischt, als Sie ihm zuwinkten. Das aufgeregte Gefuchtel mit beiden Armen hat Sie sofort als Neuling enttarnt: Ein Berliner hebt höchstens Zeige-, Mittel- und Ringfinger. Er wirft sich auch nicht mit dem Ausdruck der Verzweiflung mitten ins Verkehrsgeschehen. Ein leichter Ausfallschritt mit dem Spielbein, Standbein bleibt am Platz.

Großzügig übersieht ihr Chauffeur die Wasserflecken, die er Ihrer hellen Hose durch sein Bremsmanöver zugefügt hat. Hätten Sie ihn gefragt, gäbe er unumwunden zu, daß er sein Metallica-T-Shirt nebst großflächig gewürfeltem Flanellhemd für das einzig akzeptable Outfit hält. Frischgebügelte Hemden mit Krawatte sind – Blick in den Rückspiegel, Tschuldigung! – doch einfach affig. Und Ehrlichkeit, sagt er charmant, sei doch eigentlich immer eine Tugend. Oder? Damit er bei diesen Ausführungen frisch bleibt, ist – wir haben Temperaturen um null Grad – das Schiebedach geöffnet. Die Bitte, selbiges zu schließen, hört er nicht. Er ist gerade stark damit beschäftigt, die Cassette mit dem Scorpions-Konzertmitschnitt unter seinem Sitz zu suchen. Wenn er die nicht findet, hören Sie zwei beiden eben Dire Straits. Oder Metallica. Verlieren Sie nicht den Mut: Sie werden heil ankommen. Schon damit er im Sommer zum Scorpions-Konzert nach Mallorca fahren kann. Erwarten Sie nicht, daß Sie die Quittung wortlos ausgestellt bekommen. Ohren zu und durch. Und dann: Tür zuknallen. Endlich Ruhe.

Schritt 1: **Nicht fuchteln! Es gibt genug Taxen in Berlin. Die Fahrer wissen das und reagieren selbst auf kleinste Zeichen.**

Modell »Prinzipienreiter«

Er wird telefonisch bestellt, denn es ist schon zu spät für die U-Bahn, die ohnehin reichlich zeitig die Tore schließt. Über die Taxizentrale läßt er ausrichten, daß man so in fünf Minuten vor das Haus kommen könne. Die zaghafte Bitte, doch kurz zu klingeln, die Straße sei so dunkel, wird abgeschmettert: »Das ist mir viel zu unsicher, was kann da alles passieren!« Allerdings ...

Man läßt sich Zeit, und natürlich steht er schon da, als man vor das Haus tritt. Der Motor läuft, der Wagen ist zentralverriegelt. Etwas ratlos klopft der Passagier an die hintere Scheibe. Der Fahrer, in seine Lektüre vertieft (wahrscheinlich »Selbstverteidigung für Taxifahrer«), schrickt zusammen. Und öffnet endlich. Die ersten Worte sind statt »Guten Abend« oder »Wo soll's denn hingehen«: »Also, die Uhr ist jetzt schon bei vier Euro!« Immerhin: Die Konversation ist nach der einzig passenden Antwort, einem knappen Aha!, schnell beendet. Vorwurfsvoll klackert es vorne: Der Fahrer, durch das gesamte Rückenschule-Seminar seiner Krankenkasse gegangen, thront natürlich gesundheitsbewußt auf einer Holzkugel-Matte. Hunderte von dunklen und hellen Kügelchen – zum grafischen Muster angeordnet – stimulieren die durch das Sitzen ermattete Bandscheibe.

Daß man schließlich mit einem mittelgroßen Schein zu zahlen gedenkt, führt dann allerdings doch noch zu ungesundem Streß: »Fünfzig Euro! Hammses nicht kleiner? Wie soll ich das am Schichtanfang wechseln!«

Schritt 2: Taxifahrer sind keine Geldwechsler! Kümmern Sie sich selbst darum, den Fünfzig-Euro-Schein kleinzukriegen.

Gehen Sie in eine Eckkneipe, die noch geöffnet hat und verschwenden Sie ihre Energie an den Wirt. Vielleicht müssen Sie noch ein Bierchen mit ihm trinken, aber es gibt größere Opfer. Und, das Schöne daran: Ihr Taxifahrer muß währenddessen auf Sie warten ...

Modell »Stilles Wasser«

Leider, leider sehr selten. Nach einem kurzen »Hallo« wird der Kopf leicht nach rechts gedreht. Diese kleine Bewegung spricht Bände: Sag' mir, Fremder, wohin Du willst, und ich werde Dich fortan nicht mehr belästigen. Sprechen Sie, aber sparen Sie sich weitschweifige Erklärungen wie »Das ist das hellblaue Haus, gleich wenn man von der Vorfahrtstraße abbiegt ...«. Er weiß sogar, daß die Bäckerei im Nachbarhaus vorzügliche Kürbiskernbrötchen fabriziert. Er weiß eigentlich fast alles. Er behält es aber lieber für sich, denn an eins glaubt er fest: Reden ist Silber, Baby, aber Schweigen ist Gold. Und er hat eine sagenhaft hoch entwickelte Berufsehre: Sie werden ihn nie dabei ertappen, daß er eine Straße nicht kennt. Ein Elefant vergißt eben nicht, sagt er vielleicht, um Ihre exaltierte Begeisterung, heil an der schönen Adresse »Am Schleipfuhl« in Hönow-Nord gelandet zu sein, etwas zu dämpfen. Er ist der einzige, der die branchenüblichen 20 Euro Vermittlungsgebühr nicht kassiert, wenn er dem Begehr eines Kunden – »Fahr mich doch mal zu 'nem schicken Puff, Meister!« – nachkommt. Er ist kein Dienstleister; er ist ein Ehrenmann, der seine Passagiere vor den Wegelagerern (das heißt: alle anderen Taxifahrer) schützt. Versuchen Sie nicht, ihm mit überhöhten Trinkgeldern beizukommen, er wird sie nur mit einem undefinierbaren Brummen quittieren. Schweigen Sie lieber genauso ausdauernd, das imponiert ihm.

Das Radio ist meist ausgeschaltet, denn er ist auch kein Mann des gesungenen Wortes. Und ebenso vergebens werden Sie bei ihm auf leicht verrauschte Ätherwellen à la »Potse Fuffzich, dritter Stock, wer will noch mal, wer hat noch nicht« warten: Dieser Mann ist, was man im Wilden Westen einen Lonesome Rider genannt hätte. Er kämpft allein. Und deswegen läßt er sich nicht über eine der fünf Berliner Funkzentralen Aufträge zuteilen. Er kommt nur, wenn Sie ihn nachts auf Berlins Straßen rufen. Er ist, wie seine Kollegen sagen, ein stummer Taxifahrer. Und er redet verdammt wenig.

Modell »Nickelbrille«
Ob Spree-, City- oder Würfelfunk, Funktaxi Berlin oder Ackermann: Er hat es überall schwer, denn bei keinem der Berliner Funkvermittler wird er anders genannt als »Nickelbrille« – auch wenn er keine trägt. Er ist Student, er hat den »P-Schein« (also die Erlaubnis zur Personenbeförderung) gemacht, um sich sein Studium zu finanzieren, und wenn er mal eine Hausnummer vergessen hat und in der Zentrale nachfragt, stimmen seine Kollegen sofort einen vielstimmigen Chor an: »Ach, unser Student nun wieder ...« Für ihn ist Taxifahren ein Job, für sie ist es eine Berufung. »Wie kann jemand nur Lehrer werden wollen!« seufzen sie. Ist die Straße nicht der beste Lehrer, und wir als Droschkenkutscher die, denen sie am meisten mitzugeben hat?

Wenn sie nur deshalb herumfahren, weil nicht ein einziger Kunde mit schnellen Schritten naht, steht er lieber an der Halte (kurz für Haltestelle, korrespondierend zu dieser Zwei-Silben-Taktik heißt natürlich die Tankstelle auch Tanke) und liest. Nicht die »BZ« wie die anderen, sondern Bücher, richtige Bücher. Er hat eben oft andere Dinge im Kopf als den Unterschied zwischen der Sophie-Charlotten-Straße in Charlottenburg und der Sophie-Charlotte-Straße in Zehlendorf. Unser Chauffeur bereitet sich vielleicht gerade auf seine Zwischenprüfung in Mittelhochdeutsch vor, und seine Gedanken kreisen um die Unterschiede zwischen Minne und Ehe, bevor er dann doch den Blinker setzt. Der Passagier, über dessen Kopf sich bereits eine schwarze Wolke der Ungeduld zusammenbraut, denkt: Ich habe noch nie einen taxifahrenden Studenten getroffen, der Jura oder Betriebswirtschaft studiert. Immer nur solche Orchideenfächer! Und dann schämt er sich ein bißchen und wagt nicht so recht, diesem Schöngeist harsch das Ziel an den Kopf zu werfen.

Man kann den Vorsatz, den akademischen Nachwuchs nett zu behandeln, in aller Regel umgehend erproben – denn es gilt, gemeinsam herauszufinden, welche Strecke den gewünschten Erfolg, sprich: zum gewünschten Ziel bringt.

Schritt 3: Helfen Sie Ihrem Taxifahrer bei der Arbeit! Setzen Sie Ihr Handy zum Anrufen ortskundiger Freunde ein.

Seien Sie nicht so verbohrt, als Nichtraucher die Entsorgung der selbstgedrehten Zigarette zu fordern! Und schütteln Sie nicht den Kopf, wenn Ihr Fahrer im Sekundentakt zwischen den beiden Radiosendern »Fritz« und »Kiss FM« hin und her schaltet! Er ist mit Videoclip-Schnittgeschwindigkeiten von »MTV« aufgewachsen und muß deshalb zappen. Seien Sie stets verständnisvoll, es dient der Deeskalation.

Anmerkung zum Schluß: Natürlich gibt es auch Taxifahrer, die ganz, ganz anders sind. Freuen Sie sich darauf, sie kennenzulernen.

»Zuuurückbleiben, bitte!«

Was beim ersten Mal in der BVG so passieren kann

Eine bestechende Idee, überlegt der Neuberliner: Da verschwindet man unter der Erde, läßt sich in einem dieser orangefarbenen U-Bahn-Wagen ein wenig fortbewegen, und wenn man aussteigt, ist man da. Ganz ohne Stau, ohne überraschende Umleitung, die gestern noch nicht da war. Und dann sagt er sich sein Mantra vor, das er die nächsten Monate immer kleinlauter vor sich hinmurmeln wird: In Berlin muß ich nun wirklich nicht Auto fahren. Mit den öffentlichen Verkehrsmitteln ist es doch viel bequemer ...

Ein Jahr später macht es ihm dann nichts mehr aus, in einer Straße zu wohnen, in der die wenigen Parkplätze durch Wohnmobile, Autoanhänger und Baucontainer blockiert sind. Er wird die morgendlichen Knöllchen nicht mehr jammernd, sondern gefaßt von der Windschutzscheibe fetzen. Er nimmt es in Kauf, daß er die Kneipe abends alle halbe Stunde verlassen muß, um nachzusehen, ob er wirklich noch in zweiter Reihe steht oder gerade abgeschleppt wird. Er hat längst wieder ein Auto, und er ist glücklich darüber, obwohl er es mit der S-Bahn eine Viertelstunde schneller zum Arbeitsplatz schafft. Seitdem der Neuberliner wieder mit dem eigenen Pkw seinen Zielen entgegenstrebt, ist sein Glaube an das Gute im Berliner sprunghaft angestiegen.

Aber der Reihe nach. Entgegen der weitverbreiteten Meinung, sind die öffentlichen Verkehrsmittel ein sehr schlechter Ort, um Berliner kennenzulernen. Sie sind allerdings ein sehr guter Ort, um Berliner von ihrer schlechtesten Seite kennenzulernen. Erste Ernüchterungen erfolgen meist schon beim Erwerb des allerersten Fahrscheins. In der Regel stehen auf jedem Bahnsteig vier Automaten, wobei es durchaus nicht gewährleistet ist, daß der Ticketkauf deshalb erfolgreich abgeschlossen werden kann.

> Schritt 4: **Halten Sie Fahrgeld immer abgezählt bereit! Die Automaten sollten wechseln können und tun es so gut wie nie.**

Und einfacher wird es mit den neuen, kombinierten Auskunfts- und Verkaufscomputern auch nicht. Ihr Touchscreen ist zum einen meist schon ein wenig verschmiert oder von gezielt geführten Schlüsseln ornamental verkratzt. Das führt dazu, daß der Dialog mit dem Rechner ziemlich verzögert vonstatten geht – und unter Umständen auch in einer Sprache, bei der man nur durch zu ungelenkes Handauflegen gelandet ist. Außerdem sind diese ultramodernen Automaten nur bedingt zum Geldwechseln bereit. Schon wenn sie bis zur vollen 20-Euro-Höhe herausgeben sollen, reagieren sie zickig und jenseits aller elektronischen Rationalität. Irgendwann wird man hier mit EC- oder gar Kreditkarte zahlen können, ein entsprechendes Tastenfeld deutet bereits darauf hin. Man weiß allerdings von den Automaten der Deutschen Bundesbahn, wie sehr die Nerven darunter leiden, wenn man das Plastikkärtchen mal wieder nicht in der richtigen Geschwindigkeit eingeführt hat und der gesamte Vorgang (mitsamt aller Verbindungsinformationen und Sonderzuschlägen) nach dem dritten Versuch unerbittlich abgebrochen wird. Es ist also nur vernünftig, mit ausreichend Kleingeld anzurücken. Dafür darf kein Opfer zu groß sein, auch nicht das des finanziellen Mehraufwands.

Zeitschriftenläden und Schnellimbisse säumen die Berliner Bahnhöfe. Sie sind gern bereit, ihr reichhaltiges Angebot gegen Bares einzutauschen, aber sie sind, wie jede der dort tätigen Verkäuferinnen ebenso gern erläutert, »... keine Wechselstube«. In Mußestunden handgefertigte Schilder tun diese Botschaft kund. Glauben Sie keinesfalls daran, daß man bei Ihnen (weil Sie es so eilig haben/weil Sie neu in der Stadt sind/weil Ihre Frau gerade niederkommt) eine Ausnahme machen wird. Alles schon dagewesen! sagen die Damen und gucken so abgeklärt wie Gary Cooper in »Zwölf Uhr mittags«. Ob »Magnum-Mandel« oder »Neue Kreuzstichmuster« – kaufen Sie, was Ihnen gerade in die Hände fällt. Es ist die einzige Möglichkeit, an Kleingeld zu kommen.

Soweit, so gut! Der Fahrschein ist gekauft, der Zug fährt ein. Staunend beobachten Sie, wie zwei Menschen, die eben in einer angeregten Konversation steckten, eilig auseinanderstreben. Ein Streit?, wundern Sie sich und können gerade noch die Satzfetzen »hinten raus« beziehungsweise »erster Wagen« vernehmen. Jede Fahrt mit der U-Bahn wird so akribisch geplant wie der Überfall einer Postkutsche. Es gilt also, sich beim Einsteigen in den Zug sogleich die besten Fluchtmöglichkeiten zu sichern. Wer auf seinem Zielbahnhof den hinteren Ausgang benutzen will, steigt also in einen der letzten Wagen. Und umgekehrt. Hauptsache, er kommt gut raus – die Unterhaltung mit dem 20 Jahre nicht gesehenen Schulfreund wird dafür unversehens beendet. Berlinern ist wichtig, daß sie zusätzliche Schritte vermeiden. Diskutieren Sie nicht mit ihnen darüber, daß es doch egal sei, ob man jetzt über den ganzen Bahnsteig läuft oder beim Aussteigen ... Sie werden verständnislose Blicke ernten. Weil Sie so unpraktisch sind.

Übrigens: Wenn Sie sich selbst mit jemandem auf einem Bahnsteig treffen wollen: Verabreden Sie sich immer am Abfertigungskabuff, von dem aus der diensthabende BVGler (von trendbewußten Fahrgästen kurz DJ genannt) sein berühmtes »Zuuurückbleiben bitte!« ertönen läßt. Das wirkt professionell. Sagen Sie nicht Sätze wie »Wir treffen uns im U-Bahnhof Alexanderplatz«, denn hier ließe sich die Einwohnerschaft deutscher Kleinstädte komplett zum Verschwinden bringen. Bestimmen Sie also für ein Date die Zeit vage (auf ein Viertelstündchen kommt es dem Berliner nicht an) und den Ort sehr genau – mit den Zusätzen Linie und Richtung. Etwa so: »Um acht rum, Wittenbergplatz, U2 nach Vinetastraße.«

Nun sitzen Sie zum ersten Mal in einem Zug und ruckeln Ihrer Destination entgegen. Keine Angst, die Tags (Schriftzüge im Graffiti-Stil, mit dikkem Edding auf Bänke und Wände gebracht) färben nicht auf Ihre Sitzfläche ab. Aber achten Sie auf Kaugummi, der sich leicht in den rot-blaugrau gemusterten Plüschbezügen verbergen kann ... Wenn Sie Zeitung lesen, werden sich Ihre Sitznachbarn freuen und sich gern ein wenig mitinformieren. Es gehört übrigens zum guten Ton, ausgelesene Exemplare für nachfolgende Fahrgäste liegenzulassen. Greifen Sie also bei Bedarf ruhig zu!

Schritt 5: Lesen Sie nicht Irgendwas! Berücksichtigen Sie die begrenzten Platzverhältnisse bei der Wahl Ihrer Lektüre.

Das raumgreifende Entfalten der »Zeit« wird in Berliner U-Bahnen nicht gern gesehen. Ob die hohe Auflage der »BZ« mit ihrem Hochkant-Format zusammenhängt, sei deshalb dahingestellt. Sie und der »Berliner Kurier« sind jedenfalls die meistgesichteten Printprodukte. Da ihre Schlagzeilen groß und fett genug sind, reicht im allgemeinen ein Exemplar pro Wagen. Sollten Sie einmal vergessen haben, sich etwas zum Lesen mitzunehmen, ist das kein Grund zur Sorge. Wenn Sie nach 20 Uhr unterwegs sind, werden genug Verkäufer mit der druckfrischen Zeitung von morgen unterwegs sein. Tagsüber wird es Ihnen ein Leichtes sein, für kleines Geld plus (möglichst) einer kleinen Spende eine der Berliner Obdachlosenzeitungen zu erwerben. Deren Verkäufer warten zwar mit schier unglaublichen Leidensgeschichten auf, wünschen Ihnen dafür aber auch als einzige Einwohner Berlins anschließend einen »schönen Tag«.

An der nächsten Station lösen zwei Engländer mit Querflöte und Wandergitarre die Zeitungsverkäufer ab. Sie spielen freihändig im Gang stehend, und bei jeder Kurve durchfährt ein gewisser panischer Ruck die Melodie. Es soll nach Beatles klingen, erinnert wegen der begrenzten Fähigkeiten der beiden Herren jedoch eher an die Frühzeit der Sex Pistols, die stolz darauf waren, mit nur einem Akkord auszukommen. Die Erholungspause von diesem Punk-Pop-Potpourri wird, verlassen Sie sich darauf, kurz sein. Schon bald wird ein trauriger Russe Tieftrauriges in seine Geige hineinschluchzen. Oder zwei Abgesandte einer peruanischen Großfamilie bringen »El Condor Pasa« zu Gehör. Manchmal ist es schlimm, mitunter gar nicht so schlecht. Berlin-Novizen fühlen sich dar-

TITANIC
1. VERSUCH
MOLOCH
BERLIN

in bestätigt, daß in dieser Stadt eben immer was los ist, nicken verschämt mit dem Kopf und lassen sich fast hinreißen, neben der obligatorischen Münze auch ein wenig Applaus zu spenden. Dann werden die Mienen ringsum eisig ...

Schritt 6: Verziehen Sie keine Miene! In öffentlichen Verkehrsmitteln zeigt der Berliner, anders als beim Autofahren, keine Gefühlsregung.

Er starrt schweigend umher, oder er schweigt starrköpfig vor sich hin. Er reagiert nicht auf junge Hunde oder kleine Kinder, die er im häuslichen Rahmen sofort mit Leckereien oder Streicheleinheiten bedenken würde. In der Öffentlichkeit aber bemüht er sich, eine würdige Haltung aufrechtzuerhalten. Das läßt ihn so entspannt aussehen wie einen Eisklotz. Man sieht ihm förmlich an, wie er zu Hause laut und falsch »La Paloma« pfeift und das Radio noch lauter stellt. Hier aber will er keine Musik haben! Hier gehört sie nicht hin! Personenbeförderung ist eine ernsthafte Sache! (Und darf deshalb möglichst auch keinen Spaß machen.) Folgerichtig ist es »offiziell« natürlich verboten, in den Zügen Gewerbe jeder Art zu betreiben.

Glauben Sie bloß nicht, daß Sie hier je mit jemandem ins Gespräch kommen werden. Es ist völlig überflüssig, hinter Kurzbefehlen wie »Könnse mal'n bißchen rutschen?« Konversationsbemühen zu vermuten. Setzen Sie jetzt nicht zu weitschweifigen Entschuldigungen wie »Oh, herrje, ich habe Sie gar nicht kommen sehen, und ich habe Erdbeeren in der Tüte, die sollten möglichst nicht zerdrückt werden ...« an. Rücken Sie. Schweigend. Seien Sie undurchdringlich. Überlegen Sie, wie sich Ihr Sachbearbeiter im Finanzamt verhalten würde. Alles andere ist exaltiert.

Mit undurchdringlicher Miene warten Sie ab, bis es Zeit ist, auszusteigen. Etwa eine Minute vor Fahrtende bauen Sie sich ungezwungen vor dem Ausstieg auf. Lässig wird der Türöffner angetippt (bei älteren U-Bahn-Modellen muß allerdings kräftig gezerrt werden – vorher vergewissern, sonst droht Enttarnung!). »Erst aussteigen lassen, dann einsteigen!«, belehren Sie eine junge Mutter, die sich mit ihrem Kinderwagen etwas ungeschickt plaziert hat. Na sehen Sie, das klang doch schon einigermaßen authentisch!

Unterwegs in einer großen Stadt

Wie lerne ich Berliner kennen? Und wo?

Es wird der Tag kommen, an dem Sie feststellen, daß Ihre neuen Kollegen zwar ganz nett sind, Sie nach neun, zehn Stunden Zusammensein am Arbeitsplatz am Abend aber gern auch andere Gesichter sehen möchten. Schämen Sie sich dieser Gefühle nicht! Zunächst einmal teilt nicht jeder Ihre Leidenschaft für Rollhockey, taiwanesische Dokumentarfilme oder klassifizierte französische Bordeaux-Weine – es gilt also ohnehin, sich Gleichgesinnte zu suchen. Und außerdem können Sie unter Umständen Jahre darauf warten, daß der Vorschlag, abends doch mal schön zusammen einen trinken zu gehen, Realität wird.

Berliner wirken zwar gern weltoffen, sind jedoch von Natur aus mißtrauisch. Freundschaften schließen Berliner nur sehr langsam. Dies ist der einzige Punkt, an dem man sie mit den Amerikanern vergleichen könnte: Deren entzückten Ausruf »Sie müssen zum Dinner vorbeikommen!« ernst zu nehmen, hieße, ihr wahres Wesen zu verkennen. Sie wollen zwar keinesfalls unhöflich sein, aber um jeden Preis unverbindlich bleiben. Und deswegen enthält nämliche Einladung kein Datum – wer sie für bare Münze nimmt, wird buchstäblich bis zum Sankt-Nimmerleins-Tag warten ... Genauso lange kann es dauern, bis Sie die Wohnung eines »echten« Berliners kennenlernen. »My home is my castle« – dieser Satz muß hier erfunden worden sein. Es gibt innige zehnjährige Bekanntschaften, von denen der eine Teil noch nie die Schwelle der Wohnung des anderen übertreten hat. Man trifft sich in der Kneipe, war sogar schon zusammen im Skiurlaub, kennt jedes Wehwehchen des anderen – und bemüht seit ewigen Zeiten die immergleiche Redewendung: »Du mußt dir unbedingt meine Wohnung ansehen ...« Und dabei kann es für lange, lange Zeit bleiben.

Schritt 7: Vertrauen Sie nicht jedem! Und glauben Sie nicht, daß irgendwer Ihnen vertraut.

Tröstlich ist nur, daß Ihr Gegenüber mit hoher Wahrscheinlichkeit noch nicht vergeben ist: Berlin gilt als die Hauptstadt der Singles – jeder zweite Haushalt wird mit Mini-Kühlschränken und Ein-Teller-Menüs allein geführt. Rund 865.000 Menschen leben hier ohne Partner, die wenigsten davon freiwillig, alle anderen sind ständig auf der Suche nach dem/der Richtigen. Eine Not, aus der Party-Veranstalter längst eine Tugend gemacht haben: Die Verkupplungs-Veranstaltung »Fisch sucht Fahrrad« ist oft schon Wochen vorher ausverkauft.

Vielleicht wollen Sie aber erst einmal in einer Kneipe oder einem Club (Bloß nicht Discothek sagen! Dann weiß jeder, daß Sie hier noch nicht lange Ihre Zelte aufgeschlagen haben.) die Kontaktaufnahme mit den Berlinern üben. In diesem Falle hilft Ihnen das Kapitel »Mode«, die passende Kleidung zu finden, die Bierflecke überstehen kann oder das Sitzen auf kunstvoll rostenden Exponaten, die nur entfernt an Stühle erinnern.

Sie haben außerdem schon bemerkt, daß der Satz »Wir sehen uns später« hier einen besonderen Beigeschmack hat. Später heißt nämlich auch wirklich später. Vor zehn Uhr abends werden kaum Verabredungen realisiert. Zwischen ein und zwei Uhr ist eine Zeit gekommen, zu der man unbesehen in jeden Club gehen kann – sonst wird man als sogenannter Nichtsmerker geoutet, also als jemand, dem jeglicher Durchblick in der Szene fehlt.

Berlin ist rund um die Uhr geöffnet, und wenn Sie sich der Macht der Nacht so richtig ergeben haben, graut beim Nachhausekommen garantiert der Morgen. Das Chillout – also das Ausruhen vor dem Nachhausegehen bei streßabbauender Musik – lassen Clubs wie etwa der »Tresor« am Sonntagmorgen um acht Uhr beginnen ... Deswegen gilt – frei nach dem beliebten Sprichwort »When in Rome, do as the Romans do«, das sich mühelos für Berlin adaptieren läßt –:

Schritt 8: Gehen Sie nur gut erholt aus! Legen Sie sich vor dem Nachtleben ein wenig hin.

Nun stehen Sie vor dem Portal des erwählten Etablissements. Sollte es einen Doorman zu überwinden geben, müssen Sie nicht übermäßig ängstlich sein. Es ist – anders als zum Beispiel in München – eher selten in Berlin, daß der Türsteher nein sagt. Sie müßten schon a) betrunken, b) bewaffnet oder c) in einer Gruppe von mehr als fünf Männern um Einlaß bitten. Letzteres, so ein vorsichtshalber ungenannt bleibender Vertreter dieser Berufsgruppe, sei einfach deshalb problematisch, weil in Berliner Clubs ein permanenter Männerüberschuß herrsche. Was umgekehrt natürlich für Frauen bedeutet, daß ihre Chancen überdimensional gut sind.

Drinnen brauchen Sie zunächst etwas, an dem Sie sich festhalten können. Bestellen Sie keinen Wein! Sie werden es am nächsten Tag bereuen – und diese Regel gilt nahezu ausnahmslos. Ordern Sie ein Flaschenbier, auch wenn es welches vom Faß gibt. (So müssen Sie sich niemals, niemals fragen, ob das Glas sauber gespült war.) Berlin ist, anders als jede andere deutsche Stadt, die Domäne der Beck's-Trinker. Winken Sie dem Personal hinter dem Tresen nicht zu, dann werden Sie den Abend durstig verbringen müssen. Warten Sie, bis der Bedienstete sich Ihnen nähert, nehmen Sie Blickkontakt auf, so daß er/sie Ihnen nicht mehr entrinnen kann, und feuern Sie dann Ihre Bestellung ab. Merke: Sofern Sie sich nicht in einer respektablen Bar befinden, ist es sinnlos, nach der Karte zu fragen. Es gibt sicher eine, aber die komplizierte Bewegungsabfolge: Hervorkramen/An den Tisch Bringen/Noch mal vorbeikommen, um nach den Wünschen zu fragen/Und dann noch mal vorbeikommen, um endlich das Getränk zu bringen, wird ungern absolviert. Machen Sie es sich also leicht!

Nehmen Sie die Flasche mit einem wohlwollenden »Jaouh!« (ersetzt das so schwer auszusprechende »Danke!«) entgegen. Unterstehen Sie sich, dem Barkeeper die Zeche in die Hand zu drücken – er wird sofort eine angeekelte Miene aufsetzen. Legen Sie das Geld auf den Tresen, möglichst nachlässig. – Eine Marotte, die sich übrigens durch sämtliche Bereiche der hiesigen Dienstleistungen zieht: Versuchen Sie mal, Ihrem Kioskbesitzer 'nen Euro für die Zeitung in die Hand zu drücken. Er wird seinen Blick anklagend auf den reklameverzierten Zahlteller richten.

Ebenso ist in sämtlichen Berliner Bussen ein kleines Tablett angebracht, von dem aus der Fahrer das Kleingeld in den Münzspeicher sortiert ... »Jetzt wissen wir schon, daß Gott, als er die Welt erschuf, auch den Zahlteller schuf, ohne den die Zivilisation nicht möglich wäre. Aber man braucht eine Weile, um sich daran zu gewöhnen«, seufzt etwa Joao Ubaldo Ribeiro in seinem – übrigens zum Eingewöhnen ungemein empfehlenswerten – Buch der Innenansichten »Ein Brasilianer in Berlin«. Aber genug davon.

Suchen Sie sich zum Üben einen Klassiker des Berliner Nachtlebens aus, zum Beispiel das »Café M« in der Schöneberger Goltzstraße – ein reichlich abgestoßenes Sinnbild der hedonistischen 80er Jahre, in dem zwar längst nicht mehr der rauhe Ton des Punk regiert, aber immer noch recht rustikal gegen übersteigertes Selbstbewußtsein vorgegangen wird.

Es herrscht Selbstbedienung, nur die leeren Gläser werden ab und an tischweise aufgeklaubt. Und auch wenn Stammgäste (man nennt sie hier Dinosaurier) schwören, daß das Personal seit Jahren unfaßbar freundlich auf Bestellungen am Tresen reagiere, so kann man doch an dessen Kurzangebundenheit und Reaktionszeit unweigerlich ablesen, daß man es hier nicht so schnell schaffen wird und immer noch wie ein blöder Touri wirkt. Wird der Aschenbecher mal außer der Reihe geleert, so sollte man ruhig dankbar aufblicken. Etwas menschliche Wärme tut allen gut.

Plump vertraulich hingegen wirken jegliche Kommentare zur Musik. Nur Woody Allen wirkt witzig mit dem Satz »Wenn sie aufhören zu spielen, werden sie Geiseln nehmen«. Alle anderen müssen es hinnehmen, daß die Konversation unter Novitäten wie mexikanischem Techno oder kühnen Lautstärkereglungen leidet. Ein mattes »Was hast Du gerade gesagt?« macht kaum Lust darauf, den soeben ausformulierten, ungemein brillanten Gedankengang über Nietzsches Frauenbild, wahlweise: Shere Hites letzte Theorie über das Mißverhältnis der Geschlechter zu wiederholen. Und schon gar nicht will man seine geistreichen Grübeleien brüllen müssen. Alles muß hier möglichst spontan wirken. Sagen Sie einfach, was Ihnen gerade einfällt. Bloß nicht grübeln!

Halten Sie den Ball flach, wie Kicker zu sagen pflegen: Seien Sie anspruchslos. Sagen Sie Dinge, die niemanden intellektuell überfordern. Wenn nicht gerade beliebt (weil doch irgendwie recht einfallslos), dann wenigstens akzeptiert sind Banalitäten wie »Hast Du eine Uhr?«, »Kannst Du mich mal durchlassen?« oder, Gipfel der Kühnheit, »Ist der Hocker noch frei?«. Der Klassiker allerdings, tiefgründig und abgedroschen zugleich, ist natürlich: »Hast Du mal Feuer?«. Da in Berlin fast jeder zu rauchen scheint, schafft dieser Satz auf Anhieb Sympathien.

Versuchen Sie bloß nicht, originell zu sein. (Sie können ja später immer noch ein paar Punkte im Niveau zulegen.) Seien Sie banal, um Verunsicherungen zu vermeiden. Und gehen Sie nicht zu zielstrebig auf das Objekt Ihrer Begierde los: In der Regel nicken sich Berliner erst einmal stundenlang verstohlen zu, bevor sie den richtigen Vorwand gefunden haben, das Wort aneinander zu richten. Hat Ihnen jemand erzählt, daß die Berliner viel »lockerer drauf seien« als die Hamburger? Vergessen Sie's! Die Lage könnte kaum komplizierter sein: Tun Sie nichts, wird sich nie irgend etwas tun. Marschieren Sie zu forsch auf Ihr Ziel los, ergreift es vermutlich die Flucht.

Sollten Sie als Mann der Meinung sein, es sei leicht, mit Schmeicheleien eine Frau zu betören, müssen wir Ihnen die bedauerliche Mitteilung machen, daß Sie sich in der falschen Stadt befinden. Kurt Tucholsky schrieb 1922 in seiner Ode »An die Berlinerin«: »Mädchen, kein Casanova/hätte dir je imponiert./Glaubst du vielleicht, was ein doofer/Schwärmer von dir phantasiert?/Sänge mit wogenden Nüstern/Romeo, liebesbesiegt,/würdest du leise flüstern:/›Woll mit die Pauke jepiekt – ?‹« Diese Zeilen besitzen heutzutage mehr Gültigkeit denn je. Machen Sie Ihrer Thekennachbarin Komplimente über ihre schönen Beine oder herrlichen Haare, wird sie höchstwahrscheinlich unwirsch reagieren. Sie fragen sich, warum? Weil sie dahinter die finstere Absicht wittert, zum Objekt degradiert zu werden. Und gegen derlei »Anmache« hat sie jahrelanges Training ohnehin abgehärtet.

Schritt 9: Vergessen Sie jedes Süßholzraspeln! Berlinerinnen möchten als Kumpel behandelt werden.

Bleiben Sie deshalb unbedingt neutral! Sie müssen ihr ja nicht gleich auf die Schulter hauen vor lauter Gleichstellung. Jedes Thema, das sich nicht um ihr Aussehen, ihre Figur, ihre Frisur oder andere, vergleichbare Äußerlichkeiten dreht, ist – siehe oben – recht.

Das alles scheint nicht einfach zu sein für zaghafte Gemüter. Die zweite, verblüffenderweise sehr viel einfachere Möglichkeit, Leute kennenzulernen: Sie gehen zur Vernissage in eine Galerie. Das ist so einfach, daß man schon fast darüber staunen muß. Während es die Berliner Museen sehr genau mit den Einladungen nehmen, haben Galeristen ein weitaus größeres Herz. Zwar sind die goldenen Zeiten der kalten Buffets und Schnittchenplatten vorbei, und alle Galeriebesitzer stimmen unisono in »Keiner kauft mehr Kunst!«, den großen Chor der Rezession, ein. Daraus ergibt sich natürlich der Zwang, potentielle Kunden möglichst milde zu stimmen. Was durch Gratisausschank von Rotwein, Weißwein und Sekt geschieht.

Was Sie dafür tun müssen? Herausfinden, wann Vernissagen statffinden – wofür Stadtmagazine und Tageszeitungen in der Regel völlig ausreichen. Einmal hingehen, in leserlicher Schrift die Anschrift im Gästebuch hinterlassen – und anschließend immer wieder eingeladen werden. Kann kultureller Anspruch noch leichter in die Tat umgesetzt werden? Sie sind da. Das ist Beweis genug dafür, daß Sie Ihr Leben der Kunst gewidmet haben. Für das Selbstbewußtsein ist es sehr förderlich: Das Gefühl, zumindest theoretisch jede der ausgestellten Angelegenheiten erwerben zu können, verleiht automatisch die gewisse Grandezza des großen Mäzens. Daß hier den ganzen Abend kaum jemand die gezeigten Bilder einer näheren Musterung unterzieht – was soll's! Als Gesprächseinstieg eignet sich die Kunst auch im schlimmsten Fall. Sie verbindet die, die hier sind – und Gleichgesinnte kommen sich nun einmal von vornherein sehr viel wohlwollender entgegen. Bereichern Sie für den erfolgreichen Einstieg Ihren Wortschatz um Begriffe wie »konkret« »luzide«, »evident«, »greifbar« oder »komplex«. Nach einer halben Minute werden Sie ohnehin bereits über die Qualität des ausgeschenkten Weines diskutieren. Ein ergiebiges Kapitel. Was will man mehr?

Droht Ihr Gesprächspartner zu entwischen, ist schnelles Handeln geboten. Die Gefahr, daß Sie sich nie wiedersehen werden, ist in einer Millionenstadt wie Berlin recht hoch. Seien Sie kaltblütig, rechnen Sie mit dem Revierverhalten der Ureinwohner und kalkulieren ein, daß sie ohnehin bald wieder am gewohnten Platz auftauchen werden. Wollen Sie auf Nummer Sicher gehen, halten Sie Ihre Telefonnummer bereit.

Schritt 10: **Privatnummern sind Staatsgeheimnisse! Kein Mensch, der schon länger in Berlin lebt, rückt sie freiwillig heraus.**

Alle hier hegen eine gewaltige Phobie vor aufdringlichen Neuberlinern, die tagtäglich den Anrufbeantworter vollschwatzen. Oder sich die Mühe machen, im Telefonbuch die Privatadresse herauszufinden, falls sie nicht erhört werden, und dann unvermutet vor der Tür stehen. Das ist paranoid, aber typisch Berlin. Deshalb ist bei der ersten Begegnung das einzige, auf das Sie hoffen dürfen, die mitunter halbherzig gemeinte Versicherung »Ich ruf' Dich an ...« Warten Sie nicht allzu lange. Es gibt so viel kennenzulernen. Und außerdem haben Sie doch auch einen Anrufbeantworter, oder?

Prahlen nach Zahlen

Unentbehrliches statistisches Wissen für jeden Stammtisch

Worüber spricht man mit Fremden? Wie knüpft man als Neuberliner ein Gespräch an, wie hält man es geschickt im Fluß? Worüber reden, wenn man sich eigentlich nichts zu sagen hat? Wissen ist Macht – selbst am Stammtisch nach der fünften Molle. Der Moloch Berlin birgt faszinierende Zahlen. Wenn Sie sie nicht kennen, wird die Welt nicht untergehen. Aber Berlin wird damit interessanter und amüsanter – und zu gegebener Stunde können Sie so glänzen.

Fangen wir mit den in Berlin lebenden Menschen an. Hier hat sich eine wahrlich ansehnliche Zahl von Gestalten angesammelt, laut der letzten Statistik 3.388.434 Menschen – und Sie sind jetzt einer davon. Darauf läßt sich schon ganz vorzüglich einer trinken. 27.724 Menschen sind über 90 Jahre alt, die meisten (nämlich 3.544) leben im Bezirk Steglitz-Zehlendorf, in Mitte-Tiergarten-Wedding lebt man offensichtlich nicht so gesund: Hier wohnen 2.367 Personen über 90. Ein Tresen-Thema, mit dem Sie nie falschliegen, weil jeder – ob alt oder jung, geschieden oder ledig – irgend etwas dazu zu sagen hat, ist die Ehe: Der eine plant vielleicht gerade die Ehe, der andere rät bei vorgerückter Stunde beschwörend davon ab. Der Dritte bemüht möglicherweise gerade seine Anwälte. In Berlin zählte man im Jahr 2001 ganze 8.731 gerichtliche Ehescheidungen. Aber man verliebt sich offensichtlich auch gerne, denn es gibt immer wieder Menschen, die sich von den Scheidungsstatistiken nicht beirren lassen und heiraten: 12.905 haben 2001 »Ja« gesagt.

Richtig Eindruck können Sie mit folgenden Tatsachen schinden:
– In Spandau leben 60 Schafe, in Neukölln 39, in Reinickendorf 54.
– Nach Einäscherungen wurden im Jahr 2000 1.181 Urnen, amtsdeutsch

ausgedrückt »nach auswärts verbracht«. Insgesamt wurden 17.250 Verstorbene eingeäschert.

– In Berlin gibt es 3.728 Zahnärzte, 1.845 davon sind weiblich.

– 6.858 Fahrer und Schaffner versehen in Berlin Tag für Tag ihren Dienst.

– In der Hauptstadt gibt es 36 Sommerbäder. 1.667,8 Stunden schien im Jahr 2000 in Berlin die Sonne.

– Wenn Ihnen langweilig ist, können Sie eines der 1.194 Kinos aufsuchen, insgesamt verfügen diese über 882.525 Sitzplätze.

– Die Länge des Straßennetzes beträgt 5.377,3 Kilometer. Davon entfallen auf West-Berliner Straßen 3.033,9 Kilometer, im östlichen Stadtteil kann man sich auf 2.343,4 Kilometer verfahren.

– Insgesamt zählt man 979 Brücken, die Bezirke Charlottenburg-Wilmersdorf (143), Mitte (134) und Pankow (117) führen die Hitliste an. Der brückenärmste Bezirk ist Lichtenberg (22), zu dem der Stadtteil Hohenschönhausen gehört. Hier gibt es nur 7 Brücken, über die man gehen kann ...

– 2001 wurden in der Hauptstadt 93.559 Kraftfahrzeuge zugelassen, insgesamt versuchen die Menschen in 1.425.278 Autos jeden Tag ihr Glück.

– Gegenstände, über die sich leicht plaudern läßt, sind traditionell Autos, Fahrräder (kaum gekauft, sind sie in Berlin schon wieder geklaut!), Videokameras und Diaprojektoren. Von 1.000 Haushalten haben 370 ein Auto, zehn Prozent der hauptstädtischen Verkehrsteilnehmer legen ihre Wege auf dem Fahrrad zurück. Die Wahrscheinlichkeit, daß diese beiden Gruppen nichts voneinander halten, ist hoch und sorgt für unterhaltsame Konversationen.

– Ein richtiger Aufreger an jedem Stammtisch ist die Zahl der Bußgeldbescheide. Berlins Polizisten verteilen jährlich 2.708.173 Tickets, im Volksmund »Knöllchen« genannt. Aber der Berliner an und für sich spart auch ganz gerne und kann bei vielen Tickets auf seinen Sparstrumpf zurückgreifen: Insgesamt rund 35 Milliarden Mark haben die Berliner Haushalte angehäuft (letzte Erhebung: 1995).

– Wenn Sie Ihr Wissen über Berlin und den Rest der Welt weiter vertiefen möchten, empfehlen wir einen Besuch eines der 16.504 angebotenen Volkshochschulkurse – rund 226.717 Menschen tun das jedes Jahr.

Beichten an der Bar

Was der Neuankömmling braucht, um über die Runden zu kommen

Ein guter Barkeeper ist wie ein guter Pfarrer. Er kennt die (Trink-) Gewohnheiten seiner Schäfchen, sieht großzügig über ihre Schwächen hinweg und ist in Notsituationen immer ein geduldiger, verständnisvoller Zuhörer. Er weiß in den ausweglosesten Situationen Rat und macht sich niemals über große oder kleine Probleme seiner Gäste lustig. Diskretion ist selbstverständlich – wie im Beichtstuhl.

In Großstädten ersetzen Barkeeper für den Gegenwert eines Lächelns oder Drinks so manchen Psychiater. Deshalb ist es wichtig, so schnell wie möglich einen Barmann seines Vertrauens zu finden. Denn die Probleme werden im Leben eines Neuberliners nicht ausbleiben. Und dann ist es gut zu wissen, wo man hingehen kann, wenn man nachts einsam ist und nicht nur im Kühlschrank, sondern auch in der Seele gähnende Leere herrscht.

Schritt 11: Suchen Sie sich eine Lieblingsbar!

Gleich nach dem Unterschreiben des Mietvertrages ist dies das zweitwichtigste Unterfangen. Die Tatsache, daß es in Berlin keine Sperrstunde gibt, bedeutet, daß man den wehrlosen Bar- und Bierkeeper auch noch morgens um vier mit dringenden Problemen behelligen kann. Es gibt Erkennungsmerkmale für den optimalen Mann hinter der Theke: Ein guter Barkeeper grüßt den Gast beim zweiten Besuch und serviert spätestens beim dritten Mal unaufgefordert den Lieblingsdrink oder -wein. Ein Barkeeper mit Verstand und Weitblick lehnt 0,1-Liter-Gläser selbstredend ab. Wem sollen sie etwas bringen? Dem Gast, der permanent bestellen muß? Dem Mann hinter der Theke, der ebenso permanent nachgießen muß? In guten Bars gibt es deshalb keine Minidrinks.

Wer Bier liebt, hat es in Berlin einfach. An fast jeder Ecke findet sich eine Kneipe. Wer gute Drinks und ein gutes Ambiente sucht, für den wird es schon schwieriger. Denn, wo »Bar« über der Eingangstür steht, ist nicht zwangsläufig auch ein Ort des wahren Genusses. Jetzt hilft nur körperlicher Einsatz und das gewissenhafte Testen möglicher künftiger Lieblingsbars. Da muß man durch. Die folgende Liste macht es zumindest leichter.

»Harry's New York Bar«

Das Original wurde 1911 im Pariser Opernviertel gegründet. Zu den Gästen zählten Ernest Hemingway und George Gershwin, der sich hier die Inspiration für den »Amerikaner in Paris« holte. 1925 ging der erste in Frankreich servierte Hot Dog in Harry's Bar über die Theke. 1921 wurde in der Bar die »Bloody Mary« erfunden. 1958 verstarb Namensgeber Harry – sein Konzept ist unsterblich geworden. 1991 feierte man achtzig-jähriges Bestehen von Europas ältester Cocktailbar, 1988 wurde der Ableger im Berliner Grand Hotel Esplanade eröffnet. Hier treffen sich Menschen verschiedenster Couleur: Geschäftsleute, die im Hotel wohnen, Berliner, die einen der trockensten Martinis der Stadt trinken möchten, Prominente aus dem ganzen Land, die wissen, daß sie hier abstürzen können und sicher auf ihr Zimmer geleitet werden. Wer erst einmal in den roten Ledersesseln sitzt, hat Mühe, wieder aufzustehen. Vielleicht liegt das auch daran, daß einem hier sämtliche amerikanische Präsidenten von der Decke aus beim Trinken zusehen, das kann schon lähmen.

Im Grand Hotel Esplanade, Lützowufer 15, Berlin-Tiergarten, täglich ab 12 Uhr.

»Mr. Hu«

Die schlechte Nachricht zuerst: Die Hocker lassen nach einer Viertelstunde jedes Gefühl in den Beinen absterben; außerdem haben sie die Höhe von Kindergartenstühlchen (da hilft nur, sich gleich an die Bar zu stellen). Jetzt alle guten Nachrichten: Die in pastelligen Tüll eingebundene Cocktailkarte ist umfangreich, alles kann vertrauensvoll bestellt werden, nicht nur die Zombies und Long Island Ice Teas, sondern sogar der Wein. Und das ist in Berlin wahrlich nicht die Regel! Die Einrichtung ist seltsam, aber sehenswert – irgendwo zwischen Jules Vernes Unterwasserwelten und einer Leistungsshow der deutschen Fliesenindustrie angesiedelt: Eine gekachelte Bar schweift in sanften Wellen gen Decke, im Licht der flackernden, eingemauerten Lämpchen lassen sich Blau- und Grüntöne ausmachen. Das wirkt an sich kühl, erinnert später – nach fortgeschrittenem Alkoholkonsum – manchen an Gaudis spanische, sehr verspielte

Weiterentwicklung des europäischen Jugendstils. Wie auch immer – ein inspirierender Ort.
Goltzstraße 39, Berlin-Schöneberg, täglich ab 17 Uhr, im Sommer Sa. ab 11 Uhr.

»Green Door«
Der Tresen schwingt sich organisch gerundet durch den Raum, ein Bücherbord hält Bildbände für Gelangweilte bereit. Die Wandgestaltung schockt: hellblau-weiß gewürfelte Küchenhandtücher treffen auf nur baumfarbiges Holzfurnier. Alles Tapete! Kein Grund zur Beunruhigung: Hier kommt es selten zu Halluzinationen, wird im »Green Door« doch »The power of positive drinking« gepriesen. Die umfangreiche Getränkekarte läßt fast keinen Wunsch offen, auch der neuerdings wieder sehr beliebte Absinth geht hier Cocktailverbindungen wie »Grüne Fee« ein. Wer rein will, muß klingeln. Und wird am Wochenende wegen Überfüllung auch leider mal draußen stehengelassen.
Winterfeldtstraße 50, Berlin-Schöneberg, täglich ab 18 Uhr.

»Galerie Bremer«
Für jeden, der sich intellektuell tarnen muß, wenn er sich mal wieder vor Überstunden drücken möchte. »Ich gehe in die Galerie« klingt nämlich ungleich unverdächtiger als »Ich gehe jetzt schon einen trinken.« Und tatsächlich: Es ist eine Galerie – eine ideale Tarnung, denn der Eingang strahlt die keimfreie, weißblinkende Ungemütlichkeit einer Zahnarztpraxis aus. Dahinter liegt die Bar, von dem Architekten Hans Scharoun 1955 als »Kommunikationsraum« gestaltet und originalgetreu erhalten: Kamin, Nierentischchen, Tropfkerzen in leeren Weinflaschen, dunkelgrüne Wände, hinter den Sitzbänken sind mit rotem Markisenstoff bezogene Polster befestigt. Um passend zum Interieur die nötige Wirtschaftswunderstimmung aufleben zu lassen, stehen traditionell Salzlettenpäckchen auf den Tischen. Hier gilt das gute alte Supermarktmotto: »Aufreißen verpflichtet« zum Kauf (bitte keine Gedankenspiele, für anwesende Frauen gilt das nicht!).
Fasanenstraße 37, Berlin-Wilmersdorf, Mo.-Sa. ab 20 Uhr.

»Le Tire Bouchon« im Regent Schloßhotel Vier Jahreszeiten
Hier müssen Sie hin, wenn Sie bei Ihrem Besucher so richtig Eindruck schinden möchten oder im Winter eine wirklich gemütliche Bar suchen.

Das Ambiente ist tadellos, Karl Lagerfeld hat die Möbel persönlich ausgesucht. Alles atmet den Luxus glanzvoller Zeiten: Kamin, Stofftapeten, große Kissen, alte Kunst, irgendwo zwischen dem 19. und 20. Jahrhundert wird die Synthese perfekt. Wenn man hier schon nicht wohnen kann, läßt sich zumindest einen Bellini oder Whisky lang die Illusion hegen. Im Sommer müssen die Gäste nicht traurig sein – und auch nicht im Kaminzimmer schwitzen. Dann zieht die Bar auf die Terrasse und wird zu einer der schönsten Illusionen der Großstadt: Gartenidylle, (fast) ganz privat – zehn Minuten vom Ku'damm entfernt.
Brahmsstraße 10, Berlin-Grunewald, ab vormittags.

»Hudson Bar«
Dieser Bar geht in Schöneberg ein Ruf wie Donnerhall voraus: Seit den 80er Jahren gelobt, nochmals gelobt – und zu Recht geliebt. Die Barkeeper hat noch kein Cocktailtrinker, der auf Erden wandelt, ratlos gesehen: Ihr Gedächtnis ist genauso lücken- wie das Ergebnis tadellos. Unzählige Spirituosen säumen die Wände – die Auswahlmöglichkeiten sind für Berlin nahezu einzigartig. Durstige Seelen begeistern zudem die recht geräumigen Behältnisse: Der Mai Tai wird in einem Glas serviert, das in seiner Größe den Ausmaßen eines Kinder-Sandeimers kaum nachsteht. Einzig das Ambiente vermag da nicht ganz mitzuhalten: Glasbausteine und Chromstrahler erinnern an die coolen 80er Jahre, als Berlin noch eine einsame Insel war ... Übrigens ist das »Hudson« der ideale Anlaufpunkt für Spesenritter (wenngleich die Betreiber diesen Hinweis hassen lernen werden): Die Rechnung über den monatlichen Konsum wird auf Wunsch nach Hause geschickt – bezahlt wird allerdings gleich!
Elßholzstraße 10, Berlin-Schöneberg, Fr./Sa. ab 21 Uhr.

»Riva«
Eine höchst elegante, an den Glamour des Art Déco erinnernde Lokalität, obwohl sie nach dem Fußballspieler Luigi »Gigi« Riva benannt ist (der gehaltvolle Hauscocktail würdigt seine Torverdienste angemessen). Das »Riva« liegt nicht weit von der Amüsiermeile Hackescher Markt entfernt, konnte sich aber eine gewisse Abgeschiedenheit bewahren – schon deshalb, weil die Fensterfront mit undurchsichtigen Gardinen bedeckt ist, was dreiste Laufkundschaft fernhält. Wie ein Ozeandampfer liegt innen die Bar mit beleuchteten Milchglasaufbauten, dramaturgisch klug in der Mitte eines ausgebauten S-Bahn-Bogens. Eingezäunt wird sie von einem

ellipsenförmigen Tresen, der selbst dem Kurzsichtigen einen guten Blickkontakt zu dem interessanten Gast auf der anderen Seite ermöglicht. Es gibt übrigens auch einen geräumigen Hofgarten mit unwiderstehlicher Berliner Mischung: vorne der Champagnerkühler, dahinter die Silhouette des Fernsehturms.
Dircksenstraße, S-Bahn-Bogen 142, Berlin-Mitte, täglich ab 21 Uhr.

»La Bodeguita del Medio«
Wenn es nicht allabendlich tatsächlich vonstatten ginge mitten im Prenzlauer Berg, man müßte glauben, daß es eine Idylle vergangener Zeiten ist: Blaßgesichtige junge Menschen diskutieren über Wittgenstein, Fidel Castro weist den Weg zur Toilette, und die kleine Heiligen-Ecke hat nicht nur einen Plastik-Jesus, sondern auch eine Flasche Havanna-Rum zu bieten. Daß der hier als Objekt der Anbetung gilt, kann nicht verwundern. Der Rum ist das Elixier, das am Leben hält, denn »La Bodeguita del Medio« ist ein Nachbau von Ernest Hemingways gleichnamiger kubanischer Lieblingsbar; alte Fotos (Ernest mit Fidel!) zieren die Wände, aus alten Bettgestellen ist die Bar gebastelt. Wer mehr als einen der hervorragenden Mojitos genossen hat, ist sentimental genug, um sich – was gewollt ist – irgendwo auf dem Interieur mit Filzstift zu verewigen. Noch ist Platz frei fürs Nachdenken über Kuba oder ähnlich Tiefsinniges: »Trinken oder sterben, aber nie sterben ohne zu trinken.«
Lychener Straße 6, Berlin-Prenzlauer Berg, täglich ab 18 Uhr.

»victoria bar«
Draußen tobt unablässig die Schlacht der Super-Döner-Anbieter und Billig-Billig-Läden, der Verkehr braust dazu Tag und Nacht. Drinnen dagegen, hinter schwarzen Vorhängen, wird in gemessener Lautstärke Lounge-Musik, flauschig wie ein Flokati, gespielt. Für noch mehr Beruhigung sorgt die Inneneinrichtung, sie ist von einer derart puristischen Strenge, wie man sie an der Potsdamer Straße – eher ein neonbeflackerter Hort des Hansa-Pils aus der Dose – niemals erwartet hätte. Man nimmt Platz auf butterweichen, seladongrünen Lederbänken, läßt das Auge über die schwarze Holzausstattung schweifen – und sitzt automatisch gerade bei diesem klaren, alles Überflüssige verachtenden Design. So ernst ist es aber gar nicht gemeint; die gefälteten Lämpchen über den Tischen scheinen einer 50er-Jahre-Küche entlehnt zu sein, die Toiletten haben Edelstahlbecken wie im Flugzeug, und auf dem Weg dorthin kichern die bos-

haften Schwestern von »Alice im Wunderland« auf einer opulenten, handgefertigten Tapete.
Potsdamer Straße 102, Berlin-Schöneberg, täglich ab 18 Uhr.

»Reingold«
An der Stirnseite des langgestrecken Raums hängt ein riesiges Bild von Klaus und Erika Mann. Der Berliner Künstler Rinaldo Hopf hat es auf aneinandergeklebte Seiten von Klaus' kurz vor dem Exil geschriebenen Roman »Treffpunkt im Unendlichen« gemalt. Daß das Glück nur kurz währt, manchmal nur eine Nacht – das ist die immer sanft melancholische Stimmung, die diese Bar prägt. Wenn man nicht gerade im Sommer froh beim Outdoor-Barbecue zufaßt, dann erlebt man drinnen eine perfekt organisierte Zeitreise. Die Bar hinter der schweren, diskreten Stahltür ist schnörkelfrei gestaltet – kassettenförmig gestufte Decke, rötlichbraune Holzeinlegearbeiten am Tresen, zu kleinen Plaudergruppen zusammengeschobene, sanft beige Sessel. Das erinnert zwar an die 20er Jahre, aber nicht an ihren wilden Anfang, sondern eher schon an die spätere Abgeklärtheit beziehungsweise die Neue Sachlichkeit, mit der die 30er Jahre ihren Lauf nahmen. Christian Schads dünnhäutige Gigolos oder Otto Dix' monokelbewehrte Großstadtamazonen kann man sich hier leicht vorstellen, den jugendlichen Beutelhosenträger von heute indes kaum.
Novalisstraße 11, Berlin-Mitte, täglich ab 18 Uhr.

»fluido – bar di notte«
Ach, was für ein schöner Untertitel. Nachtbar, da denkt man gleich an einen Himmel wie von schwarzem Samt, an Frauen mit mondlichthellen Kehlen und blutroten Lippen, an dunkle, ein wenig bittere Getränke. Im »fluido« wird das schnoddrige Berlin auf elegante Art zur Romantik verführt. Das liegt zunächst einmal daran, daß man sich hier, in einer ruhigen Seitenstraße, gefeit vor amüsierwütiger Zufallskundschaft, ganz in Ruhe aufeinander konzentrieren kann: In einer hinter schweren dunklen Vorhängen versteckten Bar ist man der schnöden Welt wie entrückt. Wie sanft doch die silbernen Tapeten schimmern, wie bequem die schwarzen Ledersessel sind ... Wer wartet da noch auf den obligatorischen Rosenverkäufer, um sich zu erklären? Und wen interessiert es wirklich, daß man sich hier die Cocktails zum Mitnehmen einpacken lassen kann?
Christburger Straße 6, Berlin-Prenzlauer Berg, täglich ab 20, Fr. und Sa. ab 2 Uhr

»925 loungebar«

Das »925« heißt »925«, weil sein Tresen aus 80 Kilogramm Sterlingsilber gegossen wurde. Nicht kleckern, sondern klotzen – das ist die Devise für die neue Mitte, die sich derlei neureichen Prunk gern gestattet. Ein bißchen Angeben ist schon erlaubt, wenn man hinter raumhohen Glasfronten eine so schöne, von Hilmer + Sattler umbaute Aussicht auf den Gendarmenmarkt bieten kann. Gegenüber, von Kollhoffs »Newton Bar« aus, ist sie allerdings genauso schön – nur sieht man dort auch deswegen so gern hinaus, weil man dann Helmut Newtons »Big Nudes« nicht ständig auf den Schritt starren muß. Auch im »925« interessiert sich der Gast im Allgemeinen eher für den doppelten Dom und das Konzerthaus draußen – das feine, luxuriöse Interieur hätte eigentlich mehr Aufmerksamkeit verdient: Es ist eine Art opulente Post-Bauhaus-Phantasie mit fein polierten Wurzelholztischchen, roten Sesselchen und noch röteren Wänden, auf denen schwarze, konstruktivistische Vierecke schweben. Tragen Sie hier nichts von H&M, der Kellner wird es Sie spüren lassen.

Taubenstraße 19, Berlin-Mitte, täglich ab 17 Uhr.

»Greenwich«

Er erfreut sich hier seit Jahren eines unfaßbaren Erfolgs als Kneipier und sieht dabei immer noch aus wie ein Abiturient: Cookie hat diverse Flüsterkneipen in Berlin betrieben, etwa im Postfuhramt oder auf dem Gelände der Backfabrik – nun ist er seßhaft geworden und wundert sich manchmal ein bißchen, daß jetzt alle kommen, die er früher nicht reingelassen hat. Das »Greenwich« ist an den Wochenenden nichts für Menschen, die Berührungsängste haben, auch sollte das eigene Körperbewußtsein in reichlich Trainingseinheiten gestählt worden sein. Hierher kommen die Hedonisten, die tatsächlich Bauchfrei tragen können. Man verpaßt mitunter dennoch ihren triumphalen Einzug – die in die Wände eingelassenen Aquarien mitsamt ihrer bläßlichen Fischlein sind recht unterhaltsam. Wenn man lange genug ihren Bahnen mit dem Zeigefinger gefolgt ist, redet man eben über die wattierten, lederbezogenen Wände mit dem Gummizellen-Flair – oder darüber, daß für die Kuhfell-Deko im Mezzanin ganze sechs Viecher ihr Leben lassen mußten.

Gipsstraße 5, Berlin-Mitte, täglich ab 19 Uhr.

»Engelspalast«
Hierher bittet Meret Becker zum Interview, hierher verirrt sich rund die Hälfte der schicken Großstadtmenschen, die im »Schwarzenraben« nach der Toilette suchen: Der »Engelspalast« befindet sich, – Obacht, eine steile Treppe geht's herunter – im tiefen Keller unter dem kühl-kosmopolitanen Restaurant, und der Kontrast könnte größer nicht sein: Oben lichte, sachlich-elegante Hallen, drunten schwarzgestrichene Wände und ein Tresen mit Messinghandlauf, der sich so elegant in den Raum schwingt wie der Bug eines Luxusliners. Die klassischen Cocktails sind in den wenigen englischen Lederfauteuils und -sofas am angenehmsten zu genießen: Schon die Genugtuung, einen ergattert zu haben in der winzigen Bar, sorgt für sofortige Entspannung.
Neue Schönhauser Straße 13, Berlin-Mitte, täglich ab 21 Uhr.

»Dürfen wir – bitte, bitte – bestellen?«

Lebensrettende Maßnahmen beim Besuch eines Hauptstadt-Restaurants

Berliner Kellner haben ein schweres Los. Sie üben einen Beruf aus, für den sie eigentlich zu schade sind. In Wahrheit sind sie nämlich Manager, warten auf den erlösenden Anruf aus Hollywood, sind Maler, Dichter, Denker oder Philosophen, die Verständigeren unter ihnen Pädagogen oder angehende Psychiater. Ihr Leid lassen sie die Gäste spüren, denn die sind schließlich schuld an ihrem Schicksal. Gäbe es keine Gäste, gäbe es auch keine Kellner. So einfach ist das. Der Kellner wird bei Dienstbeginn zum (frei-)willigen Rächer seiner Zunft.

Die Tatsache, daß der Kellner, langfristig betrachtet, vom Gast lebt und nicht umgekehrt, ist ihnen völlig fremd. Ihr Dasein als Kellner ist ohnehin nicht bis ans Ende aller Tage vorgesehen. Will der Gast einen perfekt gedeckten Tisch – wozu hat er eigentlich ein Zuhause? Besteht der unverschämte Fremde gar auf ein wenig Freundlichkeit und Dienstleistung – warum holt er sie sich nicht woanders? Fest steht: Der Gast stört. Weitgereist und kosmopolit sind bestenfalls die Kellner: »Ich habe schon in Paris und Fuschl serviert, dort geht's auch nicht schneller«, beschied einst ein »Café Einstein«-Kellner vorwurfsvoll. So etwas sitzt. Da fragt man als Neuberliner so schnell nicht mehr nach, wo nach einer Dreiviertelstunde eigentlich der Kaffee geblieben ist. Nur geübte Berliner verstehen das als Kriegserklärung und greifen zu drastischen Mitteln. Der Rest der Menschheit erinnert sich gottergeben der Tatsache, daß Heilfasten gesund ist.

Bei den meisten Kellnern kann man das Elend schon am Gesicht erkennen: Wo viele Menschen ein Lächeln tragen, hängen bei den Kellnern zwei Mundwinkel kraft- und hoffnungslos nach unten. Der Blick ist vorwurfsvoll, die Haltung verrät Ablehnung. Diese Pose ist aus dem Fernsehen bekannt: Menschen, die im Western kurz vor der Hinrichtung stehen, sehen genauso aus. Ihre Lage ist hoffnungslos und das wiederum haben sie mit dem Gast gemeinsam.

Die Stimmung steht auf High-Noon. Doch kaum ein Gast hat das jemals begriffen. Er müßte jetzt mit entschlossenem Blick aufstehen, den Colt ziehen und die Sache erledigen. Tun, was zu tun ist. Doch der Gast will essen, trinken – ein Fehlverhalten, das sich rächen wird.

Schon beim Betreten des Gastraumes – welch irreführendes, hinterhältiges Wort! – wird ohne jegliches Warnschild der Grundstein für eine abendfüllende Feindschaft gelegt. Am liebsten wäre es dem Kellner, man würde sich in den Zuständigkeitsbereich des Kollegen begeben. Doch da das alle Kellner hoffen, geht die Rechnung nicht auf. Einer ist immer der Dumme, wie im Western. Der ahnungslose, hungrige Gast setzt sich genau dorthin, wo er stört. Der Kellner ist indigniert und läßt ein wenig Zeit verstreichen, bevor er sich ohne Karte und ohne erkennbare Eile an den Tisch begibt. Der unverschämte Gast verlangt nach der Karte. Der Kellner macht sich seufzend und schlurfend auf den Weg. Nicht ohne dem Hungrigen den ersten vorwurfsvollen Blick zu schenken, dem noch viele folgen sollen. Die nächsten zehn Minuten passiert gar nichts. Der Kellner widmet sich hingebungsvoll dem Serviettenfalten. Geübte verschwinden ganz von der Bildfläche. Kollegen sind nicht zuständig (»Ich sag' dem Kollegen Bescheid.«).

In der Zwischenzeit hat sich der zuständige Kellner anscheinend einer Bypass-Operation unterzogen. Nicht, daß er plötzlich flinker wäre. Ganz im Gegenteil: Der blasse Mensch scheint unter schweren Beruhigungsmitteln zu stehen. Anders ist sein Arbeitstempo nicht zu erklären. Matt legt er einen Stapel Karten auf den Tisch. Jetzt haben die Gäste Gelegenheit, diese auswendig zu lernen. Als sie beim Impressum und der Definition der Farbstoffe und der zugehörigen Ziffern angelangt sind, erscheint wider Erwarten der Kellner. Im günstigsten Fall hat er einen Block dabei. Regungslos hört er sich die Wünsche an – um sodann in den unendlichen Weiten der Küche zu verschwinden. Sein letzter Blick hat etwas von jenen Männern, die sagen, daß sie Zigaretten holen – und die man nie wiedersehen wird. Überraschend kommen die ersten Getränke schon nach 20 Minuten. Als das Essen serviert wird, wähnt der Gast sich glücklich, geliebt und verstanden.

Doch leider ist das Steak nicht »well done«, sondern blutig. Der Kellner reagiert weder auf Winken noch auf Rufen, für ihn ist der Fall erledigt, die Pflicht getan. Erst als das Steak schon kalt ist, erbarmt er sich und fragt vorwurfsvoll: »Ist etwas nicht in Ordnung?« Für ihn ist das Steak nicht blutig, sondern gut durchgebraten. Die Blutpfütze wird flugs zur Sauce erklärt. Der Mann in Schwarz mit der Fliege verdreht theatralisch die Augen und nimmt den Teller wieder mit. Sekunden später hört man das verräterische »Ping!« einer Mikrowelle. Mit einem Blick, der keine weiteren Beschwerden mehr zuläßt, knallt er den Teller mit dem nunmehr zähen Fleisch auf den Tisch: »Jetzt isses durch!« und meint: »Und nun will ich keine Klagen mehr hören!« Jetzt steht es 2:1 für den Kellner. Der Gast sehnt sich im Grund seines Herzens nach einer Dose Ravioli: heiß, gut durch und ohne Diskussion zu genießen. In seiner Verzweiflung will er sich mit etwas Süßem trösten. Gern hätte er die Crêpes mit Eis, aber ohne diese scheußliche Sprühdosensahne. Doch er ahnt, daß das Ärger geben könnte. Deshalb entscheidet er sich für einen schnellen Espresso – und die Rechnung.

Schritt 12: Schenken Sie dem unfreundlichen Kellner Ihr bezauberndstes Hollywood-Lächeln! Das wird ihn automatisch milde stimmen.

Und fragen Sie ebenso leise wie eindringlich: »Bringen Sie uns etwas, oder dürfen wir Ihnen was bringen?« Das funktioniert meistens. Der Kellner ändert sein Verhalten auf einen Schlag und findet sogar sein verlorengeglaubtes Lächeln wieder.

Letzte Chance für die Siegessäule!

Welche Vorteile es, zumindest vorübergehend, hat, fremd in einer Stadt zu sein

Einmal durchs Brandenburger Tor fahren – wie Horst Buchholz in Billy Wilders wunderbarem Film »Eins, zwei, drei« (da stand das Tor mitsamt Quadriga allerdings auf dem Münchner Bavaria-Gelände ...)! Sehen, wie sich die Silhouette des Berliner Doms in den braungetönten Scheiben des Palasts der Republik widerspiegelt. Oder die 285 Stufen zur Aussichtsplattform der Siegessäule hinaufsteigen und, wie Bruno Ganz in Wim Wenders' »Himmel über Berlin«, der acht Meter hohen, vergoldeten Siegesgöttin Viktoria ganz nah sein, die der Volksmund »Goldelse« nennt.

Vielleicht träumen Sie davon, wenn Sie nach Berlin kommen: die Orte kennenzulernen, die Sie aus Literatur, Kino oder Fernsehen schon ein wenig zu kennen glauben. Tun Sie es sofort. Gehen Sie gleich morgen ins »Café Möhring« oder die »925 loungebar« am Gendarmenmarkt. Sonst ist die Gelegenheit unwiderruflich verstrichen. Keinen New Yorker würde es stören, beim Dinner im »River Café« oder an einem sonnigen Sonntag auf dem Empire State Building angetroffen zu werden. Es ist schön da, und die anderen 200 haben es eben auch gemerkt! Der Andrang macht sie überhaupt nicht mißtrauisch. Die Berliner jedoch haben ein zwiespältiges Verhältnis zu den derart begehrten Sehenswürdigkeiten ihrer Stadt: Einerseits sind sie stolz wie Oskar und verstehen nur allzu gut, daß alle Welt hinrennt, diese zu sehen. Andererseits ist seltsamerweise kaum ein Berliner aufzutreiben, der tatsächlich schon einmal auf der Siegessäule gewesen ist. Er übt sich in vornehmer Zurückhaltung und läßt es bei einem etwas lahmen »Ich könnte ja, wenn ich wollte ...« bewenden. Diese Ausrede benutzt er ein Leben lang und wirkt dabei wie jemand, der schon immer »Don Carlos« im Theater sehen wollte, es aber doch lieber bei »Derrick« im Fernsehen beläßt.

Dabei ist es nicht wirklich Faulheit, die die Berliner daran hindert, die schönsten Stellen ihrer Stadt aufzusuchen. Eine Sorge ist es, die sie lähmt und so manche Gelegenheit ungenutzt verstreichen läßt: »Wenn mich jemand dabei sieht!«, so kann ihre ganz persönliche Paranoia in Worte gefaßt werden.

Ein Berliner, der stets gern den Eindruck erwecken möchte, seine Heimat wie seine Westentasche zu kennen, möchte um keinen Preis dabei erkannt werden, wie er eine Schautafel mit den Charlottenburger Parkanlagen studiert. Das hieße ja, daß sein Geheimwissen Lücke hat. So entwickelt sich eine etwas mürrische Liebe auf Distanz – er weiß, daß es in Berlin etwas so Schönes und Einzigartiges wie den Gendarmenmarkt gibt. Aber er redet ungern darüber, weil – er kann ja nicht hingehen. Wegen der Touristen.

> **Schritt 13: Ein Berliner ist kein Touri! Berliner meiden ängstlich die Plätze, die den Ruch haben, eine Touristenattraktion zu sein.**

Noch schlimmer wird die Sache, wenn der Tag zu Ende geht: Im Berliner Nachtleben bedeutet für jede Location der Ruf, ein »Touri-Schuppen« zu sein, das sichere Todesurteil. Traurigstes Beispiel ist wohl der frühere »Dschungel« in der Nürnberger Straße – kühl gekachelter, chromblitzender Zeitgeist-Tempel der 80er, der David Bowie rein- und Boris Becker draußen vor der Tür stehen ließ. 1993 mußte er schließen, denn irgendwann blieben die Stammgäste weg, weil zuviele Schaulustige sie begucken wollten. Und nun müht sich bereits die dritte Restauration in den dereinst heil'gen Hallen um Erfolg (schon die Lage ist ein eindeutiger Nachteil: Viel zu nah am Ku'damm, wo, Sie wissen schon, die Touristen sind ...). Auch der – schon mehrfach umgezogene – »Kit-Kat-Club« kämpft unterdessen ums Überleben, denn Ströme von Neugierigen vertreiben die bizarren Stammgäste. Die Sado-Maso-Parties werden zwar noch nicht von Reisebussen angesteuert, sind aber bereits von annähernd jeder Zeitung und jedem TV-Sender heimgesucht worden. Was die ganze Nation kennt, das hat für den Berliner so gar keinen Reiz mehr.

Die Szenegänger lieben die Tips, die in den Stadtillustrierten nicht auftauchen, kein Telefon haben und höchst unberechenbar öffnen und schließen. Die heißen dann beispielsweise »Freitagsbar« – obwohl sie auch am Sonnabend geöffnet haben – und erfüllen alle Kriterien, die hier zur wohlwollenden Anerkennung nötig sind: Keiner weiß die Adresse, es ist nirgendwo ein Schild oder eine Beleuchtung als Hinweis zu finden, der Club liegt im zweiten Hinterhof hinter einem rostigen Eisentor und den sieben Schuttbergen oder im Keller eines Abbruchhauses, und es gibt nur Bier oder Caipirinha. Das eine aus der Flasche, das andere aus einem ausrangierten Senfglas. Sind Sie ein wenig sensibel veranlagt, zögern Sie den Besuch der Toilette möglichst lange hinaus.

Bis Sie an einen derart illustren Ort geführt werden, kann allerdings einige Zeit verstreichen. Die sollten Sie nutzen, und zwar ganz ungeniert: Solange Sie fremd in Berlin sind und die Gefahr, Bekannten über den Weg zu laufen, vergleichsweise gering ist, können Sie sich (siehe oben) alles angucken, was unter »touristische Anlaufpunkte« fällt: Trinken Sie ein Kännchen Kaffee im »Möhring« am Gendarmenmarkt. Gucken Sie vom Fernsehturm auf den Alexanderplatz herunter. Und denken Sie dabei auch an andere: Nehmen Sie einen alteingesessenen Berliner mit. Mit großer Wahrscheinlichkeit war er noch nie da – und dank Ihrer Begleitung hat er die herrliche Ausrede, sich als Fremdenführer betätigen zu müssen. Er wird es gern tun ... Berlin ist ja sooo schön!

Was alles lustig sein kann

Kleine Weltreise des Humors mit Zwischenstop in Berlin

In Wien lacht man über den Tod – und nimmt ihn ebenso ernst. Diese morbide Lebenshaltung kann nur jemand monieren, der noch nie in Wien war. Hier stehen schließlich 1,6 Millionen fröhlich lebender Menschen einem stummen Heer von 2,5 Millionen Toten gegenüber.

Auf »a schöne Leich«, ein dem gesellschaftlichen Stand entsprechendes Begräbnis, wird an der Donau ein Leben lang ernsthaft hingespart. Darüber würde sich ein Wiener niemals lustig machen. Man schließt mit Hingabe Sterbeversicherungen ab und wählt mit Bedacht sein Grab. Man möchte schließlich nicht irgendwo liegen, sondern am liebsten auf dem Zentralfriedhof. Dort, wo auch Johann Strauß, Ludwig van Beethoven und Franz Schubert ihre letzte Ruhestätte gefunden haben. – Und täglich von Touristen beehrt werden.

Wenn Mr. Bean seine Schmutzwäsche in den Waschsalon trägt, lacht sich halb England tot. Allein sein in stiller Verzweiflung zerfließendes Gesicht zu betrachten, fördert die Heiterkeit enorm. Angelsächsischer Humor ist meist boshafter, »schwärzer« als Mr. Bean, und man lacht tunlichst auch dann, wenn man den Witz nicht verstanden hat: weil ebenso sprichwörtlich wie britischer Humor die britische Höflichkeit ist.

Oder die Asiaten. Immer ein Lächeln auf den Lippen! So freundlich – wie kommt das? Kann Humor, ein Lächeln – immerhin ein Vorläufer des Humors – angeboren sein? Es läßt sich nur vermuten, die wissenschaftlichen Beweise fehlen noch.

Geradezu lächerlich einfach haben es die Amerikaner. Sie wissen ganz genau, wann sie zu lachen haben. Man lacht ihnen im Fernsehen die Sitcom-Folge vor, sie lachen auf Kommando mit. Dumm nur, wenn man das Sofa verläßt, um Freunde zu besuchen. Da schallt es nicht aus dem Off – vielleicht ein Grund, warum viele Amerikaner als »Couchpotatoes« verschrien sind.

Humor in Berlin hingegen ist ein düsteres Kapitel. Nicht, daß die Menschen hier nicht gerne lachen. Aber der Außenstehende oder Neuankömmling weiß mit Sicherheit nie, warum gerade jetzt gelacht wird. Und warum alle immer so unbeteiligt schauen, wenn etwas wirklich lustig oder komisch ist. Und weil Berliner sich besonders gern über Zugezogene lustig machen, könnten Ihnen noch unangenehme Minuten bevorstehen.

> **Schritt 14: Seien sie laut! Johlen Sie! Die wichtigsten Zutaten für den hauptstädtischen Humor sind Schadenfreude und Schenkelklopfen.**

Man lacht möglichst laut heraus, um das eigene Amüsement zu demonstrieren – aber nur in Gemeinschaft. Schwarzen Humor können Sie getrost vergessen, den liebt man hier nicht so sehr (Sie finden ihn bestenfalls noch in der Nachkriegsgeneration, die das in Trümmern liegende Berlin wohl auch nicht anders hätte ertragen können – und zuweilen im Kabarett.) Als Faustregel gilt: Es kann gar nicht simpel genug sein.

Etwa so: Treffen sich zwei Freundinnen. Sagt die eine: »Ich war heute bei der Kosmetikerin.« Und die andere: »Und warum bist du nicht drangekommen?« Männer lachen darüber: »Frollein, Sie haben ja Beine wie ein Reh! Nicht so schlank, aber so behaart.« Sie finden das lustig? Sie werden sich in Berlin sehr wohlfühlen. Sie stehen mehr auf Ironie? Sie werden sich in Berlin nicht sehr wohlfühlen. Aber dafür wurde die Hauptstadt schließlich nicht erfunden. Amüsieren können Sie sich woanders, die Welt ist groß genug!

Vom Vergnügen des Kreisverkehrs

Und wie man sich in den Berliner Verkehr einfädelt

Sie werden es schnell merken: Auf Berlins Straßen gelten dieselben Gesetze wie im Dschungel. Nur die Härtesten und Mutigsten überleben. Dicke Reifen und viele PS sind von Vorteil. Der Rest der Verkehrsteilnehmer wird – wie im Dschungel – gefressen und kann froh sein, wenn nur sein Auto auf dem Schrottplatz landet.

Schritt 15: Werden Sie Ihr Drei-Buchstaben-Kennzeichen so schnell wie möglich los!

Es enttarnt Sie nämlich sofort als Provinzler. Auch mit Zwei-Buchstaben-Schildern kann man in Berlin keinen Blumentopf gewinnen. Provinz ist Provinz. Genau genommen akzeptiert der Berliner Verkehrsteilnehmer nur ein Kennzeichen – das mit dem B. Kenner unterscheiden mit sicherem Blick auf Auto und Fahrer zusätzlich zwischen Ost- und West-Berlin. Aber das sind Details, um die man sich wirklich erst kümmern sollte, wenn man ein Berliner Kennzeichen und sich ein wenig mit den abenteuerlichen Fahrgewohnheiten vertraut gemacht hat.

Schieben Sie die Sache mit der Kfz-Ummeldung nicht zu lange vor sich hin, denn es ist wirklich eine ungemeine Erleichterung, nicht mehr mit provokanten Buchstabenkombinationen wie HOL oder MOL durch die Gegend fahren müssen. Man wird Sie anderenfalls rigoros »schneiden« und Ihnen schon prophylaktisch den Vogel oder Schlimmeres, etwa den »Effenberg-Finger«, zeigen. Kann ja schließlich nicht schaden, wenn der andere gleich weiß, wie man über ihn denkt. So sind die Fronten geklärt. Denn wer sich in den Berliner Straßenverkehr begibt, begibt sich in den Kriegszustand. Nehmen Sie Handzeichen und Deutungen auf keinen Fall ernst und schon gar nicht persönlich. Diese Einstellung vergrätzt Ihnen nur den Tag. Und seien Sie ehrlich – wer »woanders« herkommt, kann ja wirklich nicht ernsthaft glauben, das Autofahren so exzellent gelernt zu haben wie in Berlin. Nur Frauen haben hier – allerdings, wie so oft, auf den zweiten Blick – einen Vorteil. Da unter Männern allgemein das Vorurteil herrscht, daß Frauen sowieso nicht Auto fahren können, ist es egal, ob Sie als Frau in Pinneberg oder Kreuzberg unterwegs ist. Ein kleiner Trost, gewiß, aber man wird ungemein dankbar in einer großen Stadt.

Ausländische Kennzeichen erfahren meist ungewöhnliche Gnade. Der alteingesessene Berliner erinnert sich gönnerhaft daran, wie er verzweifelt in Rom herumgekurvt ist oder jüngst in Tunesien den Basar gesucht hat. Stundenlang. Das stimmt milde, und in solchen Momenten können Berliner richtig nett sein. In Extremfällen bedeutet dies, daß sie aussteigen und dem Fremdling unter Einsatz sämtlicher Hände und Füße – gerne auch jenen der Ehefrau – den Weg erklären. Das dauert zwar bisweilen länger, als den Weg auf dem Stadtplan zu suchen, aber es tut gut zu wissen, daß es noch Menschen gibt, die sich für andere einsetzen.

Die Härteprüfung für Berlin-Anfänger schlechthin war früher der Kreisverkehr am Großen Stern. Denn nur Eingeweihte oder solche, die wirklich die Augen offenhalten oder jemanden kennen, der hier schon einmal ein Auto verloren hat, erkannten, daß der im Kreisverkehr Fahrende Nachrang gegenüber dem Rechtskommenden hatte. Nun regeln Ampeln den Verkehr. Allerdings weigern sich die Berliner Autofahrer hartnäckig, sich den neuen spiralförmigen Markierungen zu unterwerfen. Faustregel: Wer ganz rechts auf der Abbiegerspur steht, wird zehn Meter vor dem Kreisel per Blinker signalisieren, daß er erst die übernächste Abfahrt zu nehmen gedenkt. Das gleiche Verfahren gilt am Ernst-Reuter-Platz.

Am effizientesten lernt man fahrende Berliner vor künstlichen oder natürlichen Straßenverengungen fürchten. Um den Verkehr in Fluß zu halten, wurde dafür von klugen Menschen das Reißverschlußsystem erfunden. Es funktioniert überall auf der Welt – nur nicht in Berlin. Denn hier reiht man sich gerne schon weit vor dem eigentlichen Hindernis in die voraussichtlich einzige verbleibende Spur ein. Das spricht eigentlich gegen den angeborenen Drang des Hauptstädters, immer der Erste sein zu wollen. Ja, es spricht für Weitblick, für großstädtisches Denken. Spätestens an der Hindernisstelle wird der Irrtum aber ausgeglichen. Denn jetzt sollen all' jene, die sich an die Verkehrsregeln halten, erst mal merken, daß sie in Berlin sind! Man läßt sie partout nicht einfädeln. Lieber riskiert der Gegner eine Beule oder einen verbogenen Kotflügel. Nicht selten müssen sich ordnungsbewußte Verkehrsteilnehmer beschimpfen lassen. An den siegessicheren Gesichtern der Unerbittlichen können Sie Dummheit und Sturheit ablesen – eine gefährliche Mischung. Und weil das Beispiel Schule macht und sich die Nachfolgenden anscheinend verschworen haben, steht man als Kenner und Verfechter des Reißverschlußsystems oft lange an, bis sich jemand – meist mit auswärtigem Kennzeichen – erbarmt und freie Fahrt gewährt.

Beim Parken muß der Neuberliner vorsichtig sein. Daß der Berliner gemeinhin denkt, jede freiwerdende Parklücke gehöre ihm, ist grundsätzlich nicht verwerflich. Man will schließlich nicht bis ans Ende seiner Tage um den Häuserblock gurken. Tragisch wird es nur, wenn zwei oder mehr Menschen das gleichzeitig annehmen und sich hauptstädtische Sturheit hinzugesellt. Im harmlosesten Fall endet die Tragödie mit einem lückenlosen Vergleich (man kann bei dieser Gelegenheit manchmal sogar richtig neue Leute kennenlernen).

Aber es geht inzwischen auch schon härter zu. Vor ein paar Jahren schoß sich ein Amerikaner den Weg zur Parklücke frei. Ein Präzedenzfall. Deshalb sollten Sie vorsichtig sein.

Verkehrsrichter beklagen, daß es auf Berlins Straßen noch nie so gewalttätig zuging. Ein paar Beispiele aus dem Alltag eines Menschen, der über Verkehrsrowdies urteilen muß: »Den nächsten Richter fahr' ich tot!«, verkündete beispielsweise ein Angeklagter, der seinen Führerschein für einen Monat abgeben mußte, beim Verlassen des Gerichtssaales. Er hatte einem Radfahrer einen Zahn ausgeschlagen. Ein anderer Passant spuckte ohne ersichtlichen Grund auf die Windschutzscheibe eines Autos, das an der Ampel stand. Der Fahrer stieg wutentbrannt aus, packte den Mann am Genick und gab die Parole aus: »So, jetzt putzen wir die Scheibe mit deinem Gesicht!« Der angegriffene Fensterspucker sträubte sich und wurde bewußtlos geschlagen. Die Tat wurde mit 1.800 Euro Geldstrafe und drei Monaten Führerscheinentzug geahndet. Spektakulär ist auch jener Fall, bei dem ein junger Arzt von einem anderen Verkehrsteilnehmer verfolgt wurde. Voller Angst verriegelte er die Autotür, um das Schlimmste abzuwenden. Der Verfolger rief filmreif: »Komm' raus, du Schwein!« und durchbrach mit einem Faustschlag die Scheibe. Anschließend schlug er den Arzt krankenhausreif. Warum, wird wohl für immer ein Geheimnis bleiben.

Sie finden diese Vorgänge lustig? Mag sein, daß es unterhaltsam klingt, solange es nur in der Zeitung steht. Erleben möchte man so etwas jedoch besser nicht. Deshalb sollten Sie sich, sobald Sie sich ins Auto setzen, stets den Rat eines Verkehrsrichters in Erinnerung rufen: »Es wird immer enger auf Berlins Straßen, das macht die Menschen aggressiv. Sie verlieren immer schneller die Nerven und denken, daß eine Anzeige sowieso im Sand verläuft. Deshalb sollte man in gefährlichen Situationen immer zuerst den Sicherheitsknopf runterdrücken, dann die Autonummer notieren.« Und nichts wie weg!

Schritt 16: Seien Sie ein Tiger! Zeigen Sie im Berliner Straßenverkehr Mut – aber nicht Übermut.

Wie im Dschungel. Denken Sie daran, daß der andere im schnellen Auto nebenan vielleicht massive Geld- oder Potenzprobleme hat, gerade eine Wohnung sucht oder mit dem falschen Fuß aufgestanden ist. Gönnen Sie ihm den kleinen Sieg, es mag vielleicht sein einziges Erfolgserlebnis des Tages sein. Der Klügere gibt nach. Schenken Sie Idioten ein freundliches Lächeln. In der Bibel steht: »Vergib stets deinen Feinden. Nichts verdrießt sie so.« Das ist besser, als sich oder sein geliebtes Auto zu beerdigen.

Hilfe! Die Stadt ist ja so gefährlich!

Maliziöses & Mafioses

Berlin – das hat sich herumgesprochen – ist tagsüber wirklich gefährlich und nachts noch mehr. Niemand kommt hier an, ohne vorher ausreichend und von Herzen kommende, gute Ratschläge entgegengenommen zu haben. Kriminalstatistiken der Hauptstadt werden in Berlin mit Fassung getragen. Bundesweit werden sie gierig und mit dem »Das-haben-wir-ja-schon-immer-gewußt, zumindest-geahnt-oder-befürchtet«-Blick verschlungen. Geschickt werden sie mit Erinnerungen aller Nachbarn und aller Art verknüpft, um sodann als Warnungen wiedergeboren zu werden.

Fürchte dich, Fremder! Und ergreife Maßnahmen für den Notfall. Immer ein Messer einstecken – sicher ist sicher. Den Tränengasspray ins Handtäschchen – nur für den Notfall. Parks meiden, schummerige Eckkneipen sowieso. Dieser Tip kommt von Herzen und ist kostenlos. So ausgerüstet kann, rein theoretisch betrachtet, eigentlich nichts mehr passieren. Man müßte jetzt nur noch diese Ratschläge befolgen, tut es aber meistens nicht, weil jeder darauf vertraut, daß es die anderen erwischt. Aber immerhin. Man hat viel darüber gelesen. Menschen verschwinden im Moloch, als wäre Berlin das gefürchtete Bermudadreieck (größtenteils handelt es sich dabei dem Vernehmen nach um geschiedene Väter, die die Alimentenzahlungen umgehen wollen, um jugendliche Ausreißer und um Aussteiger aller Art). Berlin kann richtig gefährlich werden – man muß nur daran glauben.

Wahr ist: Auf 100.000 Berliner kamen 2001 sechs Opfer (Mord & Totschlag). Zum Vergleich: In New York kommen auf 100.000 Einwohner 13 Tote, die nicht freiwillig aus dem Leben scheiden. Im bundesweiten Vergleich der Großstädte hat Berlin mit 193.148 leider relativ wenige Polizisten: In Hamburg kamen in den vergangenen Jahren auf 100.000 Einwohner 474 Polizisten, in Frankfurt/M. sind es 382, in München 325.

An New York könnte sich Berlin ein Beispiel nehmen: Dort ist es gelungen, die Kriminalitätsrate innerhalb von sechs Jahren fast zu halbieren. Gab es 1990 noch 9.663 Straftaten je 100.000 Einwohner, waren es im Jahre 1996 »nur« noch 4.900. Das Geheimnis heißt William »Bill« Bratton und war der Polizeichef von New York. Er hat beispielsweise die »Beer-and-piss-Patrol« erfunden. Kein schöner Name, aber eine wirksame Idee. Heute pinkelt kaum noch einer in New York auf die Straße, auch das Trinken von Alkohol auf offener Straße ist verboten. Die New Yorker trauen sich mittlerweile sogar wieder in ihre Parks – wovon sie jedem Touristen in der Vergangenheit beschwörend abgeraten haben. Das wiederum ist ein Vorteil an Berlin: Man konnte und kann fast zu jeder Tages- und Nachtzeit durch fast jeden Park gehen.

In beiden Städten ist jedoch eine Personengruppe tätig. Sie ist hinlänglich aus dem Fernsehen bekannt – die Mafia. Als gäbe es keine anderen spannenden Themen, haben sich Drehbuchautoren nach der Wende diesem Thema hingegeben. Ihr Motto: Je weniger man darüber im richtigen Leben weiß, desto mehr kann man erfinden, ohne daß es einem peinlich werden muß.

Deshalb muß jeder Mensch, der viel fernsieht und noch nie in Berlin war, annehmen: Die Stadt wird von der Mafia regiert. In jedem besseren Restaurant lauern finstere Gesellen, die Kalaschnikow unterm Tisch. Kleine Gangster erkennt man an den ausgebeulten Jackentaschen – irgend etwas Gefährliches werden sie schon bergen. Wer auch noch ein bis drei Handies dabeihat und zwischen Suppe und Eisbein in russischer Sprache parliert, der kann seinen Lebensunterhalt nun wirklich nicht mit ehrlicher Arbeit verdienen. KaDeWe- und Cartier-Verkäuferinnen mußten nach der Wende – man liest es mit Schaudern – gar Russisch lernen. Wegen des großen Kaufandrangs aus dem Osten.

Mit schöner Regelmäßigkeit veröffentlicht die Berliner Polizei Listen, in denen die gefährlichsten Ecken der Stadt verzeichnet sind. Die Polizei zählt derzeit 20 als »gefährliche Orte« eingestufte Viertel. Obwohl der Bezirk Schöneberg für fremde Ohren gemütlich klingen mag, ist es ratsam, zu überlegen, ob man in die Gegend zwischen Potsdamer Straße, Bülowstraße und Goebenstraße wirklich ziehen will. Denn hier regieren drei libanesische Familienclans, die nicht gerade zimperlich sind. Drogen, Prostitution, Mord, Betrug und Totschlag – mit allem muß gerechnet werden. Innerhalb eines halben Jahres wurden acht brutale Angriffe auf Polizeibeamte registriert. Ebenfalls gefährlich sind die Viertel rund um das Kottbusser Tor in Kreuzberg, hier agiert die Drogenszene, am Stuttgarter Platz – im Volksmund liebevoll »Stutti« genannt – in Charlottenburg gehören Prostitution und Glücksspiel zum tristen Alltag, ebenso am Breitscheidplatz in Charlottenburg (dort kommt noch ein kleines Heer von Taschendieben zum Einsatz) und am Nollendorfplatz. Bester finanzieller Gesundheit erfreut sich auch ein Heer von Hütchenspielern, denen eine schlichte Teppichfliese zur Ausübung ihrer virtuosen Tätigkeit ausreicht.

»Sie kamen hierher aus den Betten ...«

Hinlegen und nie wieder aufstehen – wie man den besten letzten Ruheplatz findet

Man muß darüber sprechen – bevor man stirbt und seine sterblichen Überreste schließlich mangels Absprache irgendwo landen. Irgendwo, wo man eigentlich nicht hinwollte. Vielleicht hilft die Nähe von berühmten Persönlichkeiten, eine Entscheidung zu treffen. Schieben Sie sie nicht zu lange hinaus –Sie können es nie wissen, denn die Großstadt birgt viele Gefahren.

»Gräber sind Prediger für den Frieden«, sagte Albert Schweitzer. Berlin zählt 189 Friedhöfe. Sie sind kleine Oasen inmitten des Großstadttrubels. Es ist auf den ersten Blick erstaunlich, daß immer mehr Menschen, der Hektik der Hauptstadt entfliehend, schon zu Lebzeiten hier landen. Auf den zweiten Blick nicht. Denn Experten vermuten, daß Friedhöfe künftig immer mehr auch die Funktion von Parks übernehmen werden. Hier ist es still. Hier gibt es keine lärmenden Kinder, selbst Hunde scheinen sich auf die wahren Werte des Lebens zu besinnen, sie tollen nicht herum und bellen kaum. Ab und zu erfreut eine streunende Katze das Auge. – Eine Idylle, fast wie auf dem Land – trotz der Achtung, die man für die Toten empfindet. Und deshalb finden Sie auf Berlins Friedhöfen nicht nur Hinterbliebene mit Gießkannen, sondern auch immer mehr Menschen mit Büchern oder Laptops unter dem Arm.

Schritt 17: **Gehen Sie zur Erholung auf den Friedhof! Denn nur hier hat man Geschichtskunde und Ruhe gleichzeitig.**

Und falls Sie ein Mensch sind, der große Ziele vor Augen hat: Ein Ehrengrab der Stadt kostet den Steuerzahler rund 300 Euro im Jahr. 680 Berliner, darunter der Schauspieler Heinrich George (1893-1946) und der KaDeWe-Gründer Adolf Jandorf, ruhen in Ehrengräbern.

Eine kleine Auswahl von berühmten Persönlichkeiten und wo sie ihre letzte Ruhestätte gefunden haben:

Es ist ein schlichtes Grab und dennoch stets mit vielen frischen Blumen geschmückt. Daran erkennen Sie, daß es sich um das Grab eines besonderen Menschen handelt. »Hier steh' ich an den Marken meiner Tage« lautet die Inschrift des Grabsteines von Marlene Dietrich. Die Filmdiva hat ihre letzte Ruhe auf dem Friedhof in der Stubenrauchstraße in Friedenau gefunden. Mit einer Marlene-Dietrich-Straße hat sich die Hauptstadt allerdings lange schwergetan; die Emigrationsjahre in Hollywood wollten ihr viele Berliner nicht verzeihen. Doch mit der Eröffnung des Potsdamer Platzes am 3. Oktober 1998 hat der »Blaue Engel« mittendrin seinen Marlene-Dietrich-Platz bekommen. Das Grab von Heinrich Zille, der den Zeichenstift der Ehrlichkeit in Berlins Hinterhöfen schwang, befindet sich auf dem Südwestfriedhof in Postdam-Stahnsdorf. Dort haben auch Engelbert Humperdinck und Wernher von Siemens ihre letzte Ruhe gefunden. Der märkische Dichter Theodor Fontane (»Wanderungen durch die Mark Brandenburg«) liegt auf dem Friedhof der Französischen Gemeinde in der Liesenstraße. Der Schriftsteller Hans Fallada (»Kleiner Mann, was nun?«) ruht auf dem Städtischen Friedhof Pankow III, die Politiker Ernst Reuter und Willy Brandt auf dem Waldfriedhof Zehlendorf.

Kaisers wählten gerne das Mausoleum im Charlottenburger Schloßpark als letzte Ruhestätte. Hier sind Königin Luise und Friedrich Wilhelm IV (1795-1861) sowie Kaiser Wilhelm I. (1797-1888) begraben. In Weißensee befindet sich der größte Jüdische Friedhof Europas. »Sie kamen hierher aus den Betten, den Kellern, Wagen und Toiletten, und manche aus der Charité nach Weißensee, nach Weißensee«, schrieb Kurt Tucholsky darüber im Jahre 1925. Damals waren hier mehr als 115.000 Menschen begraben. Das 40 Hektar große Gelände wurde 1880 eingeweiht. Es ist streng geometrisch in Rechtecke, trapezförmige und dreieckige Flächen gegliedert. Der jüdische Begriff »Bethha Chajim« steht für Friedhof und bedeutet »Haus des ewigen Lebens«. Hier ruhen neben dem bereits erwähnten Adolf Jandorf (1870-1932) sein Konkurrent Hermann Tietz (1837-1907), der Namensgeber des heutigen Hertie-Konzerns, der Maler und Grafiker Lesser Ury (1863-1931), der Verleger Rudolf Mosse (1843-1920), der Verleger Samuel Fischer (1859-1934), Gründer des gleichnamigen Verlages. Auch Berthold Kempinskis Grab findet der Spaziergänger hier. Er ist der Mann, der im Jahre 1873 das zur Berühmtheit gewordene Weinrestaurant und heutige Hotel eröffnete.

»Aus! Aus sag' ich!«

Der Berliner hat kaum etwas so lieb wie seinen Hund

Berliner, da kann man sicher sein, pflanzen sich irgendwie und irgendwann auch fort. Es muß so sein, denn manchmal huscht eine berufstätige Mutter verschämt mit ihrem Nachwuchs in die U-Bahn, oder ein Vater steht in seiner Mittagspause ungeduldig vor dem Schultor, um die Tochter zur Ballettstunde zu fahren. Aber sonst kommen Sie hier Eltern nur schwer auf die Schliche: Die Sekretärin wird Ihnen alles über ihr letztes Krampfader-Ziehen erzählen, der Kollege hat Sie schon mehrmals mit einem mehrgängigen Menü bei sich zu Hause beeindruckt. Daß beide Kinder haben, erfahren Sie erst, nachdem die Kapitel eigene Krankheiten, die Krankheiten anderer Leute und Hobbies abgehakt sind.

Warum?

Berlin ist eine Stadt, die sich entschieden hat, etwas anderes mehr zu lieben als Kinder. Kinder – diese noch im 19. Jahrhundert gehegte Überzeugung scheint in unserer sich so fortschrittlich gerierenden Stadt wieder en vogue zu sein – gedeihen am besten im verborgenen. Der Knirps, der im Bus auf das Sitzpolster steigt, um besser hinaussehen zu können, wird so lange mit durchdringenden Blicken bombardiert, bis die Mutter überzeugt ist, daß seine Schuhe schmutzig sein müssen. Er muß sich hinsetzen – und langweilt sich. Die Hinterhöfe der Charlottenburger Altbauten und Marzahner Neubauten ziert ein kleines Schild: »Ballspielen verboten! Der Hauswart«. Dieser Herr wird Sie auch darüber informieren, daß der Kinderwagen den Eingangsbereich blockiert. Auf die Frage, wie Sie das Gefährt jeden Tag zweimal ins Dachgeschoß und wieder retour befördern sollen, wird er sich einer Antwort enthalten, seinem Irischen Setter zartfühlend den Kopf tätscheln und dann mit ihm von dannen ziehen. Im Mietvertrag steht »Keine Haustiere«. Im Haus zählen Sie drei mittelgroße Hunde. Das muß Berliner Durchschnitt sein, denken Sie, nachdem Sie bei mehreren Bekannten Stichproben gemacht haben.

»Einem Kind stehen in einer Kita 2,5 Quadratmeter zu – einem zierlichen Schäferhund laut Tierschutzgesetz ein 6,5 Quadratmeter großer Zwinger«, hat die frühere brandenburgische Bildungsministerin Angelika Peter trefflich das Ungleichgewicht der Verhältnisse charakterisiert. (Und trotzdem: Dem Ruf der hiesigen Tierliebe ist es nicht abträglich, daß auch die Mieter eines Ein-Zimmer-Appartements ihrem Hang zum Zweit- oder Dritt-Hund gern nachgeben ...)

Leinenlos ist der Hund auf Entdeckungsreise, brav hat das Kind an der Hand des Erwachsenen zu wandeln. Im Lokal beschaut ein Bernhardiner äußerst interessiert das Schnitzel auf Ihrem Teller. Die Besitzer sehen gelassen zu, wie ihr Hund mit anderen Gästen »Freundschaft« schließt. Die Gesichter nehmen jedoch sofort einen gereizten Ausdruck an, als die Dreijährige am Nebentisch mit Löffel und Gabel Musik macht ...

Schritt 18: Ein Berliner Hund kann niemals lästig sein!

Denn er will, wie seine Besitzer versichern, ja »nur spielen«. Ob Terrier, ob Afghane, ob Schäferhund mit adligem Stammbaum oder ein Fehltritt von Nachbars Lumpi: Diese Stadt ist auf den Hund gekommen. Rein rechnerisch gesehen, entfällt auf 31 Einwohner ein Hund. 108.864 Fiffis hat das Statistische Jahrbuch bei seiner letzten Zählung ermittelt. Dabei darf vermutet werden, daß die Dunkelziffer viel höher liegt. Wenn es ein Hundemuseum geben müßte, dann hier. Und tatsächlich: In Blankenburg besuchten Zehntausende die in einem alten Gesindehaus untergebrachte Dauerausstellung »Rund um den Rassehund«. Doch es war einmal – das privat betriebene Hundemuseum schloß 2001 nach 20 Jahren seine Tore. Seitdem lagern 22.000 Exponate in der Garage des Ehepaars Laske (und gewiß findet sich bald eine Bürgerinitiative, die diesen Mißstand gehörig anprangert) – das reichte einst für einen Eintrag im Guiness-Buch.

Ebenfalls rekordverdächtig ist eine weitere Berliner Spezialität: An der FU-Klinik für kleine Haustiere wurde 1997 die bundesweit erste Blutbank für Hunde eingerichtet. Da erscheint dann regelmäßig der eine oder andere Vierbeiner zum Blutspenden – und bekommt hinterher einen Hundekeks zur Belohnung, wenn er schon nicht versteht, was der Schlauch in seiner Pfote soll ... Des Menschen liebster Begleiter ist übrigens gar nicht einmal so unkompliziert: Man unterscheidet 13 verschiedene Blutgruppen.

Die Hundeliebe bringt in diesem Ausmaß natürlich reichlich von dem mit sich, was man hier »Tretminen« nennt: Berlin, so sagen Spötter, ist am be-

BETRETEN
VERBOTEN

sten zwischen November und Februar zu besichtigen. Weil dann die Hundehaufen auf den Gehwegen gefroren sind. Über 40 Tonnen sollen es täglich sein, die von den rotierenden Bürsten der Straßenkehrmaschinen erfaßt, mittels Handbetrieb hinweggekehrt oder – die neueste Variante – mit Plastikrüsseln eingesogen werden. Berlin macht sich diese Arbeit mit dem Dreck gern.

Anderswo, zum Beispiel in der Schweiz oder in Amerika praktizierte Modelle, Automaten mit Papptellerchen und -schäufelchen aufzustellen und den Hundebesitzer damit in die Pflicht der Haufenbeseitigung zu nehmen, erscheinen undenkbar. »Irgendwo müssen die armen Tiere doch hin!« wird gern argumentiert. Stimmt, aber muß es tatsächlich der Sandkasten auf dem Kinderspielplatz sein?

Ihnen, die Sie Düsseldorfer Pudel kennen, die brav an der Leine gehen, oder Münchner Cockerspaniel, die feine Zurückhaltung üben, mögen derlei Gedankenspiele vollkommen übertrieben erscheinen. Dann aber sind Sie noch nie nachts durch eine dunkle Straße gegangen, und acht Pfoten schabten nach kurzem Gebell haltsuchend über Ihren Trenchcoat. Der Besitzer, den Sie nur anhand seiner glühenden Zigarettenspitze orten können, kommt gemütlich näher und sagt – na, was wohl? »Die tun nichts, die wollen nur spielen!«

Sollte Berlin jemals sein Wappentier, den Berliner Bären, durch etwas anderes ersetzen müssen – ein Hund wäre eine elegante und mehrheitsfähige Alternative. Vielleicht ein Bernhardiner nebst Branntweinfäßchen um den Hals – als Trost in schweren Stunden.

Schritt 19: Verscherzen Sie es sich nicht mit Hunden und deren Besitzern!

Nichts ist in Berlin schlimmer denn als »Hundehasser« bezeichnet zu werden. Denken Sie vorher daran: Der Hundehalter wird sich Ihr Gesicht merken, er wohnt vermutlich in der Nachbarschaft, und das nächste Mal wird er seinen zwei Rangen sofort »Kommtdaweg!« zurufen, wenn Sie sich nähern. Die anderen Passanten werden Sie ansehen wie einen Schwerverbrecher, die Bäckereiverkäuferin reagiert ganz komisch ... und das alles nur, weil Sie den zwei Dobermännern nicht den Kopf getätschelt haben. Wo die beiden doch nur spielen wollten ...

Wollen Sie, daß Ihnen ein Hundehalter gewogen ist, dann bedienen Sie sich seines Vokabulars. Fragen Sie nicht: »Beißt der?« Kein Hundebesitzer glaubt von seinem Liebling, daß er beißen könnte. Und außerdem sieht man ja sowieso an der freudig erhobenen Rute, daß er nur ... – Sie wissen ja. Rufen Sie also lieber kurz und knapp »Rüde?«. Als weibliches Pendant wird übrigens am liebsten »Mädchen?« verwendet. Da kann man dann noch kühn ergänzen: »Ist sie heiß?« Wenn Sie zufällig einen männlichen Hund bei sich hätten, hätten Sie das ohnehin an seiner Reaktion bemerkt. Und sonst kann es Ihnen ja auch wirklich egal sein. Aber immerhin – mit weniger als fünf Wörtern haben Sie sich bereits den Ruf eines Hundekenners erkämpft.

Es mag interessant sein, das lebenslang treu zueinander stehende Doppel näher kennenzulernen. Konrad Lorenz etwa, der als Verhaltensforscher, mehr noch durch seinen Zweitjob, Mutter einer Schar Graugänse zu sein, berühmt wurde, hat die Theorie vom »Resonanzhund« aufgestellt. Die besagt, daß der Mensch den Hund nach seinem Bilde erschafft – und läßt sich durch die Scharen frisch ondulierter, getrimmter Pudel, die auf den Armen sorgfältig frisierter älterer Damen thronen, gut verifizieren. Anhand dieser Theorie können Sie auch ziemlich sicher sein, daß der Hund ihres Hauswarts kein verschmustes, sondern eher ein straff parierendes Exemplar ist. Der Volksmund weiß es ja längst: »Wie der Herr, so der Hund!«

Es gibt einige Plätze in Berlin, die allein den Hundebesitzern vorbehalten sind. Machen Sie Ihren morgendlichen Spaziergang am Wochenende nicht um den Grunewaldsee! Gehen Sie am Nachmittag nicht um die Krumme Lanke (lassen Sie es auch morgens, um nicht von den zahlreichen Joggern niedergetrampelt zu werden ...)! Glauben Sie Ihrem Stadtplan, daß ein Abschnitt des Schlachtensees wirklich Hundebadestrand ist! Man kann dem Tropfenregen, den just aus dem Wasser gelaufene Hunde versprühen, nicht entkommen! Und einer der armdicken Äste, die mit »Hol's Stöckchen!« gen Ufer geschleudert werden, wird Sie irgendwann bestimmt treffen. Suchen Sie diese Plätze nur auf, wenn Einsilbigkeit Ihr Zukunftstraum von der menschlichen Kommunikation ist. »Fuß!« schallt es von links, »Aus!« von rechts. »Sitz!« richtet ein euphorischer Teenager den recht lümmelhaft wirkenden Golden Retriever ab. Den Gipfel der Redseligkeit bildet »Aus! Aus, sag' ich!« – mit nur einem Gramm

Schärfe darin, weil ein Hundehalter beim nachfolgenden Blick aus treuen, braunen Hundeaugen immer gleich das Gefühl hat, mit unbotmäßiger Härte gesprochen zu haben. Die Hunde machen sowieso, was sie wollen. Und ausnahmsweise sind Sie wahnsinnig froh darüber, daß Berliner ihre Vierbeiner nie an die Leine nehmen. Sie könnten sich ja in das Gewirr zahlloser Lederriemen und Seile verirren. Stundenlang wären Sie an alle diese Hunde gekettet ... aber die wollen ja nur ...

Wie man sich ins Herz eines Pinguins schleicht

Die Liebe des Berliners zum Tier im allgemeinen und zu zwei Pandas im speziellen

Der Berliner liebt den Zoo. Außenstehende könnten annehmen, daß das nur an der exzellenten Verkehrsanbindung liegt. Sie fallen am Bahnhof Zoo aus dem Zug, überqueren die Straße und können schon die Elefanten riechen. So etwas gibt es in keiner anderen Stadt der Welt. Der richtige Berliner weiß jedoch, daß einem diese Liebe in die Wiege gelegt wird, man zählt rund 1,6 Millionen Besucher im Jahr. Es gibt zwar noch einen weiteren Tierpark in Friedrichsfelde, der fast fünfmal größer als der 33 Hektar große Zoologische Garten ist, aber er liegt leider »jottwedee« (Abkürzung für »janz weit draußen«) und hat einen großen Nachteil: Er besitzt keine Pandabären.

Als Faustregel gilt seit jeher: Wenn es den Tieren schlechtgeht, fühlen sich auch die Berliner schlecht. Dies wird von Generation zu Generation weitergegeben. Hat der Elefant Magenprobleme, schmeckt dem Berliner seine Currywurst auch nicht mehr so richtig. Nimmt eine Affenmutter ihr Junges nach der Geburt nicht gleich an, leidet die ganze Stadt mit, man hofft gemeinsam und sucht an jedem ordentlichen Stammtisch nach Auswegen. Menschen, die im richtigen Leben Todesangst vor Spinnen haben, werden dann plötzlich zu Experten der Tierkunde, ersinnen mit Gründlichkeit und Nachdruck die effizientesten Behandlungsmethoden für Leoparden, Gnus oder Eisbären.

Die Ergebnisse der alljährlich stattfindenden Inventur (große Tiere werden gewogen und gezählt, Fische und Singvögel ihrer Menge und Bewegungsfreude wegen nur grob geschätzt) entnehmen Sie bitte der Tagespresse. Derzeit halten sich rund 13.000 Tiere im Zoo auf. Wollen Sie zu einem in näheren Kontakt treten? Das Herz eines Pinguins gewinnt man ganz einfach: Sie rufen im Zoo an und übernehmen die Patenschaft (gerne auch für jedes andere Tier, Geld kann man im Zoo in schlechten Zeiten immer gebrauchen, die »Jahresgebühr« ist Verhandlungssache). So einfach kommen Sie nie wieder in den »Besitz« eines Pinguins.

Schritt 20: Als Berliner mutieren Sie automatisch zum Tiernarren! Machen Sie sich deshalb niemals über die Tierliebe der Berliner lustig.

Auch wenn es Sie nicht wirklich interessiert – nehmen Sie Anteil, wenn ein Pinguin Fischvergiftung hat oder die halbe Stadt verzweifelt nach einem Namen für einen neugeborenen Löwen sucht. Suchen Sie pro forma mit. Und besuchen Sie den Zoo, der ein wahres Paradies mitten in der Großstadt ist. Spätestens dann werden Sie die Tierliebe verstehen. Eine ungewöhnliche Methode, sich an den Zoo zu gewöhnen, ist ein Dinner im Aquarium. Man sitzt im Halbdunkel vor dem Haifischbecken, betet insgeheim, daß die Wände halten und erfreut sich am Fünf-Gänge-Menü.

Wer einmal im Zoo war, wird verstehen, warum die meisten Berliner bei den Worten »Bao Bao« und »Yan Yan« so merkwürdig verklärte Gesichtsausdrücke bekommen. Nein, es handelt sich nicht um Liebestechniken aus dem Fernen oder Nahen Osten, es sind auch keine Teesorten gegen Ischiasbeschwerden. Yan Yan (»Die Niedliche«) und Bao Bao (»Schätzchen«) sind unsere Pandabären, Sorgenkinder der besonderen Art. Denn bislang blieb der heißersehnte Nachwuchs aus. Ein bedauerlicher Umstand in einer Stadt, in der alles schnell gehen muß und die den Bären als Wappentier besitzt. Die Geduld der Einwohner hat Grenzen. Um das schwarz-weiße Bärenpaar, das nicht so kann, wie die Berliner das gerne hätten, ranken sich die interessantesten Geschichten. Damit Sie mitreden können, hier die Chronologie der Ereignisse im Überblick:

1980 traf Bao Bao mit Pandadame Tian Tian (»Himmelchen«) in Berlin ein. Die Freude war groß, man hoffte auf einen kleinen Panda, denn das Bärenpaar lebte in trauter Harmonie. Bei den Tieren handelte es sich um ein Geschenk Chinas an die Bundesrepublik.

1984, kurz vor Eintritt der Geschlechtsreife, starb Tian Tian an den Folgen einer Darminfektion. Für Bao Bao folgten sieben Jahre Einsamkeit. Dann begab sich der Bär auf Liebesreise, Zielort London. Als die ihm dort zugedachte Pandadame Ming Ming (»Die Strahlende«) ihn erblickte, muß sie die Bedeutung ihres eleganten Namens vorübergehend vergessen haben. Als der liebesausgehungerte Bär sich ihr nähern wollte, verabreichte sie ihm derart schwere Tatzenhiebe und Bisse, daß der 100-Kilo-Bär in die Tierklinik mußte. Noch heute erinnert ein eingerissenes Ohr an die mißglückte Affäre, die seelischen Wunden sieht der Zoobesucher nicht.

1995 holte Berlins damaliger Regierender Bürgermeister Eberhard Diepgen die neue Hoffnung Yan Yan persönlich im Rahmen einer Chinareise ab. Es gibt einen Vertrag zwischen China und Deutschland, der die schöne Bärin zur »Forschungsnummer 378« degradiert. Das Tier ist hoch versichert, im Todesfall Yan Yans würde China 500.000 Dollar kassieren. Artikel 4 des Vertragswerkes könnte noch Ärger bringen. Er besagt nämlich, daß der in Deutschland geborene Nachwuchs alleiniges Eigentum Chinas ist. Das bedeutet, daß Yan Yan nach Ablauf des Vertrages alleinerziehende Mutter sein wird – in China.

Jedes Jahr im Frühling beginnt in schöner Regelmäßigkeit das Bangen und Hoffen. Auch 2002 hoffte die Stadt vergeblich auf bärige Leidenschaft, die zum richtigen Zeitpunkt einsetzen muß. Denn Pandabär-Weibchen sind – sehr heikel – lediglich zwei bis drei Tage im Jahr empfängnisbereit ...

Außer den Pandas gibt es natürlich noch andere, weitaus paarungsfreudigere Tiere im Zoo. Aber mit keinem Tier leiden die Berliner so wie mit Bao Bao und Yan Yan. Und können es nicht verstehen, wenn genervte Forscher, die vermutlich auch keinen Rat wissen, zuweilen Nachrichtensperre über die Pandas verhängen. Nach dem Zweiten Weltkrieg wurde das Mitgefühl noch gerecht über alle Tiere verteilt. Von den 4.000 Tieren hatten bei Kriegsende nur 91 überlebt. In zwei Bombennächten wurde der Berliner Zoo fast vollständig zerstört.

Sein Wiederaufbau ist fest mit der Zoologin Katharina Heinroth verbunden. Eine ihrer ersten Amtshandlungen nach dem Krieg war es, ein Löwenpaar und zwei Bären vom Circus Althoff zu übernehmen. Aus der

Schorfheide holte sie sich kurzerhand die ersten Wildpferde, ehemalige Blumenbeete funktionierte sie zu Gemüsebeeten um – die Tiere brauchten schließlich etwas zu fressen. 1955 unternahm Katharina Heinroth eine Reise nach Indonesien. Von dort brachte sie 20 neue Tiere, darunter zwei Orang-Utans mit.

Neben ihrer Tätigkeit als Zoodirektorin lehrte sie an der Technischen Universität Allgemeine Zoologie. Auf dem Gebiet der Verhaltensforschung gilt sie – gemeinsam mit ihrem Ehemann Oskar Heinroth – als Begründerin dieser Lehre. 1923 promovierte sie mit dem Thema »Über das Hörvermögen von Reptilien«. Wochenlang hatte die Zoologin, auf einer Wiese sitzend, unermüdlich Eidechsen Flötenmelodien vorgespielt, um zu beweisen, daß diese Tiere hören können. Katharina Heinroth starb 1989 im Alter von 93 Jahren.

Schwarz oder bunt?

Eine schwerwiegende Entscheidung und warum man Berlin auch die Diaspora der Haute Couture nennt

Wanderer, kommst Du nach Berlin ... – hast Du vermutlich mehr als einen Koffer voll schmückender Kreationen unter den Arm geklemmt. Eingetragene Lieblingsstücke sollen die Abende kuschelig machen, sorgfältig gefaltete Neuerwerbungen tagsüber Eindruck schinden. Man will sich von seiner besten Seite zeigen und überlegt jeweils lange, welches Outfit welchem Anlaß gerecht werden kann. Zum Konzert im Loft die schwarze Jeans oder die blaue? Zum Business-Lunch ein kariertes Sakko zur beigen Bundfaltenhose – oder doch lieber den anthrazitgrauen Cool-Wool-Anzug? So plagen Sie sich vor dem gerade erst eingeräumten Kleiderschrank mit der Entscheidungsfindung herum. Mag sein, daß Sie deshalb nicht pünktlich zu Ihrem ersten Termin kommen. Gut möglich, daß auch Ihre Verabredung zu spät erscheinen wird. Aber glauben Sie bloß nicht, daß die Suche nach der angemessenen Garderobe der Grund dafür ist (in 90 Prozent aller Fälle ist es sowieso der Stau am Potsdamer Platz).

Sind Sie unsicher, was paßt, folgen Sie grundsätzlich der Weisheit, mit der Zen-Meister ihre Steingärten gestalten: »Weniger ist mehr«. Erzählen

Sie nicht herum, daß Sie am liebsten rahmengenähte Pferdelederschuhe aus Mailand tragen. Kaum jemand ahnt hier, daß man aus Pferden auch Schuhe herstellen kann. Lassen Sie die maßangefertigten Lieblingsstücke etwas einstauben, damit ihnen keiner den Kaufpreis von 600 Euro ansieht.

Schritt 21: Nehmen Sie sich bloß keine Zeit für die Kleiderauswahl! Kein Berliner möchte so aussehen, als würde er mehr als zwei Minuten am Tag vor seinem Kleiderschrank verbringen.

Kommen Sie in reichlich abgetragener Cordhose zu einer Wilmersdorfer Vernissage, dann wird jeder von Ihrem lässigen Outfit auf einen unkomplizierten Charakter schließen. Mit Krawatte und passendem seidenen Halstuch kann man höchstens zu einer Galapremiere in die Staatsoper Unter den Linden gehen. Sagen Sie jetzt nicht wehmütig, daß man bei solchen Anlässen in anderen Städten Frack bzw. Smoking bevorzugt – in Berlin ist das anders. Ganz anders. Denken Sie daran, daß das Wort »Lackaffe« in Berlin erfunden wurde. Feierliche Einladungen bitten deswegen mittlerweile schon ganz verschämt um »angemessene Kleidung«. »Feingemacht« ist hier fast nie als Lob gemeint, sondern wird als Folge übermäßiger Eitelkeit angesehen. Anlaß zum Mißtrauen bietet allein die Tatsache, daß keine einzige deutsche Modezeitschrift in Berlin produziert wird: Hamburg hat »Brigitte« oder »Petra«, München die »Freundin« oder die »Marie Claire«. Und Berlin? Nothing, nichts. Ansässige Jungdesigner müssen deshalb unter besonders harten Bedingungen arbeiten: Nachwuchs-Bildhauer können zumindest auf Stipendien hoffen, Maler werden von Tabakkonzernen unterstützt.

Und Berlins Modemacher? Sie verleiten, wie das Schuhlabel Trippen, sogar Yohji Yamamoto zu schrillen Entzückensschreien und zum sofortigen Ordern einer ausreichend großen Anzahl Holzschuhe für seine nächste Schau. Sie gelten, wie Strickdesignerin Claudia Skoda, als anerkannt raffinierte Avantgardistin. Die von NIX! entworfenen Unterhosen trägt Thomas Gottschalk. NEXT G + U.R + U Now!, die Lieblinge der Techno-Szene, exportieren erfolgreich nach Japan. Wo stecken ihre Entwürfe bloß in Berlin? Niemand trägt sie in dieser Stadt.

Das hiesige Publikum bevorzugt T-Shirt zur Jeans und ist eher selten der Meinung, daß nähere Beziehungen mit Redingote-Mänteln, Shiftkleidern oder zweireihig geknöpften Jacketts geknüpft werden müssen. Es ist wahrscheinlich ohnehin nur zur Show gekommen, weil der Lieblings-Barkeeper oder eine Freundin aus dem Fitness-Studio auf dem Catwalk mitläuft. Die euphorischen Aufschreie, mit denen in Paris John Gallianos oder Jean Paul Gaultiers neue Kollektionen begleitet werden, die sich anschließenden erregten Debatten um Rocklängen – all das ist in Berlin undenkbar. Wir befinden uns in der Diaspora der Haute Couture, und jedes Nachdenken, ob statt der schwarzen Schnürboots (Doc Martens – mit säurefester Sohle) nicht mal bordeauxrote Velourslederslipper ganz schön wären, ist eine schlimme Sünde. Schon das Wort »Mode« wird hier mit deutlichem Zögern ausgesprochen: Man hat Kleidungsstücke – aber nicht, um sich zu schmücken, sondern, um die zarte Haut zu bedecken und sich ausreichend vor Wind, Wetter und Straßenstaub zu schützen.

Wie aber findet man als Neuankömmling die perfekte Tarnung, um nicht sofort als Mailänderin oder Meppener geoutet zu werden? Was läßt einen so aussehen, als wohnte man schon seit Generationen in dieser unserer Stadt? Es gibt zwei Methoden – eine ist stilistisch über jeden Zweifel erhaben, aber auf die Dauer etwas langweilig. Die andere verspricht mehr Abwechslung, erfordert allerdings eine gewisse Hingabe, da mehrere Raubzüge in geeignete Konfektionsgeschäfte unternommen werden müssen.

Methode I

Moderedakteurinnen tun es, Werbetexter und Eventmanager ebenso. Alle, die in schnellebigen Branchen ihre Schrippen verdienen, haben eine Leidenschaft für das Zeitlose: Think Black! Kleiden Sie sich in Schwarz von Kopf bis Fuß, und Sie werden nie wieder darüber nachdenken müssen, ob Sie die orangefarbene Jacke noch eine Saison tragen können oder ob die Plateauturnschuhe endgültig den Weg alles Vergänglichen gehen müssen. Alles paßt zusammen – nie wieder wird sich die Farbe der Weste mit der des Regenmantels beißen. Ein Griff, und schon ist die Kleidungssuche abgeschlossen. In Studentenkreisen ist diese Methode ebenso beliebt – schon deshalb, weil man im Waschsalon alles in eine Maschine stopfen kann ...

Schwarz ist eine Nicht-Farbe – und deshalb unverdächtig. Ideal, um die Stadt zu erforschen. Wollen Sie den Eindruck erwecken, daß Sie die ganze Nacht über unterwegs in den Straßenschluchten sein werden (obwohl Sie in Wirklichkeit nur schnell mal Zigaretten holen müssen), dann tragen Sie – das gilt für Frauen wie für Männer – den bewährten Berliner Standard: schwarze, klassische Jeans von Levi's oder Diesel, auf keinen Fall mit Bundfalten (Achtung: Nur Uniprofessoren oder »Stern«-Redakteure wagen es noch, Jeans mit Bügelfalten zu tragen. Überlegen Sie gut, ob Sie dazugezählt werden wollen!), schwarze Lederjacke. Aber bloß nicht die Hamburger Variante aus Veloursleder mit Strickbündchen! Und darunter kommt zur Abrundung ein T-Shirt. Am besten ein Werbegeschenk, auf dem »Kalli's Video-Boutique« oder ähnlich Bizarres zu lesen ist. Ziehen Sie auf keinen Fall ein Polo-Hemd an; es gehört allerhöchstens in Weiß auf den Tennisplatz ...

In Schwarz umgibt Sie zudem ein gewisser Hauch des Intellektuellen. Der verstorbene Dramatiker Heiner Müller hat ungewollt einen Look mitgeprägt, der seitdem als Uniform des Geistesarbeiters gilt: schwarzes Hemd oder T-Shirt (bevorzugt Versace), schwarze Hose, schwarze (Horn-)Brille.

Sie können ohne weiteres vierfädige italienische Kaschmir-Rollkragenpullover und über jedes Stäubchen erhabene Armani-Blazer tragen; keiner wird Sie als eitlen Mode-Pfauen beschimpfen. Der Normalberliner kennt diese Marken ohnehin nicht. Und selbst wenn er sie kennt – er kann sie sowieso nicht aussprechen.

Die Farbe Schwarz nivelliert, was Sie von den anderen Berlinern trennt. Noch ein Vorteil: Mit einem Outfit in Schwarz können Sie überall hingehen, ob ins »Kumpelnest 3000« zum finalen Flaschenbier-Absturz oder in den »Bamberger Reiter« zum Sieben-Gänge-Menü. Sie könnten sogar in eine Autonomen-Demo geraten, ohne Blessuren davonzutragen. Schwarz ist der Tarnanzug schlechthin für die Großstadtwüste. In Schwarz sind Sie perfekt angepaßt.

Sie finden es langweilig, immer in Schwarz herumzulaufen? Sie möchten Ihr Leben nicht in Trauerkleidung verbringen? Ihr Lieblingspullover ist sonnengelb? Bravo! Sie passen gut zu Berlin!

Methode II

Die Farbe Schwarz gehört den Praktischen, den Realistischen und Vernünftigen. Aber sind Berliner wirklich so? Eigentlich halten sie sich ja für nonkonform, ungewöhnlich und spontan. Man sieht das still schlummernde Temperament: Wer als blutiger Berlin-Anfänger morgens das erste Mal zum Berufsverkehr im U-Bahn-Waggon steckt, der staunt. Alles so schön bunt hier! Auch wenn die Gesichter – gerade nach den Schrekken der Nacht – eher grau sind: Das Gefieder prangt in den leuchtendsten Farben. Berliner mögen zwar überzeugte Feinde von zweimal im Jahr wechselnden Trends sein – Farben, so brillant wie die Farbnäpfchen im Tuschkasten aber ziehen sie an wie ein Topf Honig Pu, den Bären: Morgens um sieben strahlen Kostüme in Purpurrot, wetteifern smaragdgrüne Strickpullover mit königsblauen Riemchenpumps.

Und da zur kräftigen Tönung Selbstbewußtsein gehört, das wir hier offenbar voraussetzen können, unternehmen wir auch keinen Versuch, die figürlichen Details geheimzuhalten. Es gibt zwei Möglichkeiten: Entweder war die richtige Konfektionsgröße ausverkauft, oder der/die Träger/in will morgen mit einer Diät beginnen und sucht noch den rechten Ansporn. Alles ist ein bißchen zu kurz und ein wenig zu knapp.

Es bleibt bunt: Abends sind sämtliche Farben des Regenbogens versammelt, wenngleich auf weniger Quadratzentimetern ... Was eine gesellschaftlich versierte Berlinerin ist, spart an Stoff und zeigt, was der Turbobräuner des Sonnenstudios zu leisten vermag. Da die farbliebende Mehrheit einen ebenso ausgeprägten Hang zum praktischen Kaufen wie zum anschließendem »Auftragen« hegt, kann bei diversen Anlässen durchaus die Modefarben-Palette der letzten fünf Jahre begutachtet werden: Dieses Pistaziengrüne dort hinten muß so um 1992 gekauft worden sein! Und das apricotfarbene Kleid? Späte Achtziger oder das Revival in den frühen Neunzigern ...? Berlin ist übrigens eine der wenigen Städte, wo die First Ladies der Gesellschaft nachweislich mehrere Anlässe im selben Jahr im selben Kleid besuchen. Es muß sich doch amortisieren!

Wer beispielsweise Hamburgs dunkelblaubeiger Monokultur entspringt, mag sich jetzt fragen, wie er jemals das rechte Gefühl für diese farbenfrohe Vielfalt entwickeln kann. Es ist im Grunde relativ einfach: Ob Herr, ob Dame – es genügen jeweils zehn Elemente, um den »Berlin-Like«-Look zu komplettieren.

Herren

1. Marineblauer Blazer
Er muß zweireihig sein und Goldknöpfe haben, auf denen ein stilisierter Anker zu sehen ist. Gerne werden die Ärmel leicht aufgekrempelt, um die starken Unterarme oder, wahlweise, teuren Uhren präsentieren zu können. Insgesamt signalisieren Sie mit diesem guten Stück: Ich habe keine Yacht, ich könnte aber eine haben. Verzichten Sie auf seidene Einstecktücher in der Brusttasche, denn damit wäre der sportliche Eindruck dahin. Kaufen Sie den Blazer ruhig etwas zu eng in den Schultern, das wirkt kerniger.

2. Bommelslipper
Eine der schlimmsten Erfahrungen, die Frauen in den letzten Jahren machen mußten, ist, daß viele Männer aufgrund evolutionsbedingter Defizite nicht mehr in der Lage sind, ihre Schnürsenkel aus eigener Kraft zu binden. Die orthopädische Bequemschuh-Lösung lautet: Bommelslipper. Wohlmeinende sagen Collegeschuhe dazu, ohne Ledertroddeln heißen sie Pennyloafers, weil man früher eben dieses Geldstück unter die Lasche klemmte. In den meisten Fällen allerdings erinnern sie fatal an Hausschuhe – und wirken ähnlich attraktiv.

3. Weiße Socken
Was ist es nur, was Berliner Männer so an weißen Socken fasziniert? Ist es der Triumph des Bleichmittels über die Schweißflecken? Ist es die Jungfräulichkeit der Farbe Weiß? Es bleibt ein ewiges Rätsel. Genauso interessant, aber nach wie vor ungeklärt ist die Frage, ob sie ihre Schuhe eine Nummer größer kaufen, damit sie die mit plüschigem Frotteefußbett ausgestatteten Ungetüme hineinzwängen können.

4. Gestreiftes Hemd
Es gibt kaum einen ansehnlicheren Klassiker als ein schmalgestreiftes Herrenhemd. Und kaum eine wirkungsvollere Methode, diesen guten Eindruck wieder zunichte zu machen, als die Berliner Schule, solche Hemden breiter zu streifen und sie mit einem weißen Button-Down-Kra-

gen zu versehen. Als hätte Mutti den schadhaften Originalkragen ausgebessert! Eine Null-Lösung, die nicht befriedigen kann – sieht sie doch weder mit Krawatte noch aufgeknöpft gut aus.

5. Lesebrille

Wo sind nur all' die Kurzsichtigen hin? Mann trägt Lesebrille, die eigentlich nur Weitsichtigen etwas bringen kann. Aber was wirkt geistig angeregter als ein in die Ferne schweifender Blick über den Brillenrand (bestes Beispiel: Erich Böhme, der den Eindruck durch dramaturgisch durchdachtes Abnehmen der Brille und konzentriertes Kreisen derselben um einen Bügel noch zu verstärken vermag)? Im allgemeinen ist das Gestell aus roten, grünen und gelben Farbchips zusammengeschmolzen und erweckt den Eindruck halbherziger Jugendlichkeit.

6. »Lustige« Krawatten

Donald Duck, Uli Steins knollennasige Mäuse oder Snoopy tummeln sich auf dem Binder. Das Kind im Manne hat beim Blick nach unten eben gern etwas zu lachen. Streifen, Punkte oder Rauten können ihm da nicht genügen – für Inspiration in der Schaffenskrise können höchstens kopulierende Osterhasen oder tangotanzende Katzen sorgen. Wir empfehlen Legosteine gegen Langeweile – man kann sie verstecken, wenn es peinlich wird.

7. Aktenkoffer

Bordeauxrot, mit prächtig polierten Messingbeschlägen. Eines der bestgehüteten Geheimnisse der westlichen Hemisphäre. Gesichert durch einen komplizierten sechsstelligen Code (Tip: Geburtstage der Familie durchprobieren), enthält er, was jedes politische System ins Wanken bringen könnte: Nach Farben sortierte Kugelschreiber. Einen Leuchtmarker. Ein Pausenbrot von der liebenden Gattin. Und einen Schreibblock – falls irgendwas Wichtiges passiert. Ach ja, und eine Packung Papiertaschentücher.

8. Handgelenkkettchen

Schon James Bond wußte: »Namen sind was für Grabsteine, Baby!« Frauen, so lehrt der Agent im Dienste Ihrer Majestät uns weiter, kommen und gehen. Und deshalb steht auf dem zierlichen Goldkettchen des Berliners auch immer nur der Name des Menschen, der ihn nie enttäuschen wird, der ihn immer lieben und nie verlassen wird. Nein, nicht der seiner Mutter – sein eigener!

9. Anzug

Der männliche Berliner im fortpflanzungsfähigen Alter schmückt sich, wie der Erpel, gern mit leuchtenden, lockenden Farben. (Zugegeben, der Vergleich hinkt ein wenig: Jede Berlinerin würde sich weigern, im mausgrau-haselnußbraun gemaserten Federkleid umherzuschwimmen, äh, – zu laufen!) Daß die Konkurrenz groß ist, macht ihn um so erfinderischer: In dieser Stadt gelingt es nicht wenigen Herren immer wieder, in einer dunklen, dunklen Ecke Anzüge in unglaublichen Farben aufzutreiben: Aubergine! Heidelbeer! Violett! Nur in Berlin ist die Leidenschaft zu blauroten Mischtönen so stark ausgeprägt. Und es wird sich doch irgendwo noch ein lila leuchtender Kummerbund anfinden, der prima dazu paßt!

10. Trainingsanzug

Zum Einkaufen, zum Gang an den Kiosk, zum Autowaschen, für's Grillfest ... er paßt eigentlich immer. Nur bunt muß er sein. Faustregel: Mindestens zwei der verwendeten Farben müssen sich beißen, etwa Smaragdgrün und Cyclam. Im Idealfall hat die Ehefrau das Pendant gekauft, auch aus leise raschelnder Fallschirmseide. So findet man sich jederzeit und allerorten immer wieder! Man muß ja damit nicht ins Schwitzen kommen. Soll heißen: Im Trainingsanzug kann man sehr gut »ran« gucken, muß aber nicht zwingend selbst auf den Sportplatz gehen.

Damen

1. »Gold! Gold! Gold!« (Dagobert Duck)

Verstößt ein Berber mitten in der Wüste seine Frau, so darf sie nur mitnehmen, was sie am eigenen Leib davontragen kann. Blickt man auf einer Berliner Premierenfeier in die Runde, so scheinen an diesem Abend viele Scheidungen bevorzustehen: Es funkelt am Ohr, blinkt am Hals und klunkert an allen zehn Fingern. Gülden erstrahlt, was der heimische Tresor sonst verbirgt. Keine falsche Bescheidenheit! Machen Sie es wie die Avon-Beraterin, und gehen Sie nie ohne das komplette Sortiment aus dem Haus! Und tragen Sie nur Gold – nie Platin, jeder Berliner wird denken, es sei bloß Silber und Sie ob Ihrer pekuniären Schieflage heftig bedauern.

2. Haarbändiger
Sie sind aus Samt und dunkelblau, jagdgrün, bordeaux oder violett. Sie kommen in Gestalt eines Haarreifens daher, als kleinmädchenhafte Riesenschleife oder als rundgenähte Endlosrüsche. Sie halten aus dem Gesicht, was sich fast nie ändert: Halblange Pagenköpfe à la Kanzlergattin, die Ausgangsfarbe Dunkelblond geflammt durch honiggelbe Strähnchen. Spray züchtigt dauerhaft jedes vorwitzige Härchen, das sich aus der Frisur zu entfernen droht: Stillgestanden!

3. Schuhe mit schmückendem Beiwerk
Der Standard-Schuh der Berlinerin ist ein halbhoher Pumps. Nicht so hoch, daß man seinen Begleiter überragt – das mag sie gar nicht –, aber so hoch, daß er einen schlanken Fuß macht. Und weil – siehe oben – auri sacra famae, der »verdammte Hunger nach dem Golde«, auch hier seine Rolle spielt, schlingt sich fein ziseliertes Edelmetall um den Absatz: ausgestanzte Elefanten, grafische Muster ... es blitzt bei jedem Schritt, schließlich soll die Bequemlichkeit nicht auch Bescheidenheit mit sich bringen. Zum Vergleich: Im Venedig des 16. Jahrhunderts trugen die Damen der Gesellschaft 75 Zentimeter hohe Absätze als Markenzeichen ihres Reichtums. Auf dem sogenannten Chopinen war Fortbewegung allerdings fast unmöglich. Ein nach heutigem Geschmack geschmückter Distanzhalter zum Straßenstaub mag also eklektizistisch wirken – dennoch ist er ein gutes Stück Fortschritt.

4. Das Kostüm
Es ist nie lang und weit, sondern immer kurz und eng. Es hat immer Goldknöpfe und ist in aller Regel in starken Farben gehalten: Granatrot, Smaragdgrün, Aquamarinblau, Amethystlila. Oder Knallpink, Apfelgrün, Neongelb. Kaufen Sie es im Sommerschlußverkauf in einer Ku'damm-Boutique; es macht gar nichts, daß die Farbe in der nächsten Saison nicht mehr in den Modezeitschriften erwähnt wird. In Berlin bekommt sie ihr Gnadenbrot.

5. Handtasche
Die aktuelle Wartezeit für ein Grace-Kelly-Bag von Hermès beträgt in anderen Städten ein Vierteljahr. In Berlin können Sie fast sofort drankommen: Zu subtil ist die Eleganz dieses Klassikers, als daß man ihn nicht durch ein »fast genauso« aussehendes Modell aus dem Kaufhaus erset-

zen könnte. Man zeigt andererseits gern, was man hat, und weil man Etiketten nun mal nicht nach außen kehren kann, trägt man am liebsten das, wo draufsteht, was es ist: Louis-Vuitton-Taschen mit dem für alle erkennbaren »LV«.

6. Hut
Der Berliner Hoppegarten ist nicht Ascot, und statt Erdbeeren und Champagner auf Kaschmir-Picknickdecken wird hier beim Pferderennen höchstens ein Schulli nebst Currywurst im Stehen genossen. In puncto Ausstattung und Ausmaße allerdings können sich die hiesigen Kopfbedeckungen durchaus mit dem englischen Vorbild messen. Selbstverständlich zählt ein Hut zu den Pflichtstücken im Berliner Sommer – nicht nur bei Ulla Klingbeils alljährlicher Hut-Party (stets präsente Ehefrau eines Immobilientycoons im Ruhestand). Ausladend, bunt, aus Stroh und reich garniert mit Stoffbändern und Blumengebinden muß er sein.

7. Make-up
Die Gesichtsfarbe tendiert gen Mohikaner, ist also solariumgebräunt. Dazu wird gern, nach literarischem Vorbild, Kriegsbemalung aufgelegt: Weißer Kajal macht den Blick furchteinflößender, blauer Lidschatten spricht für Kampfeslust, grüner für Angriffsfreude. Die Lippen locken in Cyclam, die Wimpern verlängert strahlendblaues Mascara. Wer bei diesem Farbrausch nicht mitmacht, ist ein bedauernswertes Bleichgesicht.

8. Halstuch
Das klassische Seiden-Carré im Quadratformat, mit Trensen, Pferden und Steigbügel von Hermès oder mit Potsdamer Impressionen von Wolfgang Joop ziert fast nie den Hals, sondern den Henkel der Handtasche – seltsamer Ort für ein Statussymbol.

9. Pullover
Zeigt, zu welchen Höchstleistungen Strickmaschinen fähig sind, da Handarbeit längst nicht mehr praktiziert wird: Eingearbeitete Drachen, Fallschirme, Anker, Segelschiffe oder Teddybären lassen auf eine gewisse Verspieltheit schließen, schlicht und einfarbig sind sie fast nie. Diese Pullover werden im übrigen nur selten angezogen, sondern meist »lässig« über die Schultern gehängt oder um die Hüften geschlungen, zwecks Kaschierung persönlicher Problempunkte.

10. Trainingsanzug
Siehe oben. Sie mögen es nicht glauben, aber für alles unterhalb der Theaterpremiere ist er ein akzeptiertes Outfit. Sie werden staunen, wenn Ihnen Ihre Kollegen am Sonnabend in Ballonseide im Supermarkt über den Weg rascheln ... Sie glauben, Ihren Augen nicht zu trauen.

Bis zur nächsten Ecke und nicht weiter!

Berliner machen ungern mehr als 100 Schritte

Ein seltsam' Ding ist es mit den Berlinern: Da wohnen sie in Kladow und fahren jahrein, jahraus jeden Tag eineinhalb Stunden mit dem Auto, weil sich ihr Arbeitsplatz in Köpenick befindet. Und das, ohne zu murren, was eigentlich nicht ihre Art ist. Aber immer werden sie das als Tribut ansehen, den es der großen weiten Welt Berlin zu zollen gilt. Stolz wie Friedrich der Große durchmessen sie im aerodynamisch gestylten Kleinwagen ihr Reich. Die Stadt liegt ihnen zu ... – nun, gewissermaßen zu Rädern.

Gilt es aber, abends noch einmal von Kladow nach Gatow zu reisen – was im ungünstigsten Fall eine Viertelstunde dauert –, dann sieht die Sache schon anders aus: Es wird genörgelt, ob man den mühsam erbeuteten Parkplatz dafür denn wirklich aufgeben müsse. Aber die wahre Ursache ist das nicht.

Was Szenarien wie diese nach sich zieht: »Mit dem Auto in den Grunewald fahren, um eine Viertelstunde zu joggen, zu Hause den Aufzug in den dritten Stock benutzen, weil man so kaputt ist von der ganzen Bewegung ...« – aber das ist eine andere Geschichte.

Schritt 22: Geben Sie Ihren Sofaplatz nie freiwillig auf! In Wahrheit ist der Berliner in seiner Freizeit ein hochgradig bewegungsunlustiger Mensch.

Um jene grundlegende Bewegungslethargie bemänteln zu können, hat der Einwohner dieser Stadt den Begriff »Kiez« gesucht und gefunden. Kiez – ursprünglich Kietz, schon 1387 erwähnter Name für eine Fischersiedlung südlich des damaligen Ortskerns von Köpenick – umschreibt das »Berlin Handbuch« heute als »engeren, Heimgefühl, soziale Nähe und vielfältige

Lebensqualität vermittelnden Wohnbereich in der Großstadt«. Kiez ist, was Zille sein »Milljöh« nannte: die nächste Umgebung – das Straßengeviert, wo man den Lebensmittelhändler kennt und den Zeitungsjungen, die Hunde mit Namen rufen kann und weiß, wem das alte schwarze Herrenfahrrad gehört, das am U-Bahn-Eingang angekettet ist ... Das ist die romantische Definition; sie lebt von der Vorstellung, daß der Bezirk einer großen Stadt auch gleichzeitig ein Dorf sein kann, ein gewachsenes Viertel, in dem der Klempner mit dem Kulturwissenschaftler in einem Haus wohnt, und wo es zwar keinen Dorfplatz, aber einen wöchentlich stattfindenden Markt gibt, der das Zentrum des sozialen Gefüges bildet. Manchmal funktioniert das sogar, wie in Schöneberg oder Kreuzberg. Manchmal aber werden die Lebenskünstler, die den Kiez ausmachen, von denen verdrängt, die teilhaben wollen an diesem Lebensgefühl. Wie im Prenzlauer Berg, wo viele Häuser so edelsaniert werden, daß langjährige Bewohner sich das Viertel nicht länger leisten können.

Spötter haben eine andere Definition für Kiez: Es sei die typische Berliner Entschuldigung, sich in der Freizeit nicht weiter als 500 Meter von seiner Wohnung entfernen zu müssen. Befangen in völliger Faulheit lobe man deshalb alles, was sich binnen 100 Schritten erreichen läßt. Das kann der chinesische Schnellimbiß, der mit dem Glutamat nicht spart, ebenso sein wie der italienische Delikatessenladen mit den Apothekenpreisen. Will der alteingesessene Berliner einmal »große Einkäufe« machen – Weihnachtsgeschenke am Ku'damm besorgen etwa –, dann bringt es dieser aufgeklärte Metropoleneinwohner doch tatsächlich fertig, zu sagen, er müsse »in die Stadt fahren« ...

Historisch läßt sich dieser Hang zum überschaubaren Viertel leicht erklären: Berlin als eine Stadt ist erst 1920 entstanden – auf Beschluß der verfassunggebenden preußischen Landesversammlung wurden sieben Städte, 59 Landgemeinden und 27 Gutsbezirke zum neuen Groß-Berlin vereinigt. Was übrigens längst nicht allen recht war: Spandau hat den Verlust der Eigenständigkeit bis heute nicht verschmerzt. Hardliner sprechen deshalb von ihrem Bezirk stets als »Spandau bei Berlin«.

Das geschilderte Prinzip des kleinstmöglichen Radius' erklärt auch, warum mancher immer noch vom »Osten« spricht, wenn es eigentlich Bezirke wie Friedrichshain oder Pankow voneinander zu unterscheiden gilt.

Was verbohrt und nach der immerwährenden Mauer in den Köpfen klingt, läßt sich (auch) harmlos deuten: So wenig ein Schöneberger den Drang hat, in Kreuzberg auszugehen, so wenig zieht es ihn auch nach Mitte.

Schritt 23: Sparen Sie Schuhsohlen! Am besten ist immer die Kneipe, die sich binnen eines fünfminütigen Fußmarsches erreichen läßt.

Sie können das nicht glauben, sagt Ihnen doch Ihr Stadtführer, daß jene In-Kneipe hüben und dieses neueröffnete Szene-Restaurant drüben liegt? Seien Sie sicher, daß kein langfristiger Einwohner sich allzuoft die Mühe macht, von einem Bezirk in den nächsten zu wechseln. Genauso wenig wird er seine Lieblingsbar vernachlässigen, um mit einem neuen Café zu experimentieren. Er zitiert gern das alte Persil-Motto »Da weiß man, was man hat – guten Abend« – und bevor er sich an unbekannte Orte locken läßt, schickt er glaubwürdige Freunde als Scouts vorbei, die ihn entsprechend vorbereiten können. Aber nur, wenn es sich wirklich nicht vermeiden läßt ... Diese Theorie bestätigt sich für den, der sich der Mühe unterzieht, das klassische Berliner Kneipengefüge zu betrachten. Der althergebrachte, von Zille dokumentierte Typus der allgegenwärtigen Eckkneipe erfreut sich vor allem in Neukölln oder im Wedding bester Gesundheit und überzeugt mit gemütlichkeitsfördernden Namen wie »Präpel-Eck« oder »Zum blauen Affen«. Resopalverschalte Decken, Luftschlangen von der letzen Faschingsfeier sowie blinkende Lichterketten vom jüngsten Weihnachtsfest sorgen dafür, daß sich jeder sofort wie zu Hause fühlt. Und ein Verdacht erhärtet sich:

Schritt 24: Erwarten Sie nichts! Berliner gehen nicht in die Kneipe, um etwas zu erleben – sie wollen einfach nur möglicht wenig überrascht sein.

Wer seiner Stammgaststätte in Berlin ein richtig großes Kompliment machen will, der sagt, daß sie für ihn wie ein verlängertes Wohnzimmer sei. Der Wirt wird sich garantiert geschmeichelt fühlen.

Der Hang zum Grünen

Das sonntägliche Fluchtverhalten: Raus aus der Stadt!

Er fährt jedoch nicht wie die Artgenossen in anderen Städten einfach raus oder ins Grüne, sondern »ins Jrüne«. Man muß das verstehen: Es handelt sich hierbei nicht um einen schlichten Ausflug, wie der Rest der Republik ihn praktiziert, sondern um eine Geisteshaltung. Und selbstverständlich wird das Jrüne nicht nur besucht, sondern vorübergehend okkupiert. Das ist der Berliner seiner preußischen Gründlichkeit schuldig. Wozu, bitte, hat man denn in mühevoller Kleinarbeit Jottwedee erfunden, wenn man es dann nur halbherzig aufsuchen soll?

Schritt 25: Runter vom Sofa! Sobald die ersten Sträucher blühen, ist der Berliner sonntags nicht mehr im Wohnzimmer zu halten.

Der Hauptstädter wird zum Jrün-Lemming, einer noch unzureichend erforschten Spezies. Freitag abend bekommt er unausweichlich den sehnsüchtigen Nichts-wie-raus-aus-der-Stadt-Blick. Gerne nimmt er dafür lange Staus in Kauf, mancher scheint ihn geradezu zu suchen. Nur so ist zu erklären, daß es in Berlin Radiosender gibt, die Hörer als Staumelder einsetzen. Eifrig greifen sie zum Handy, sobald mehr als zehn Autos in der Kolonne stehen. Endlich – ein Stau! Das Herz schlägt höher, das Adrenalin schießt durch den Körper. Nur Zugereiste vermuten, daß dieser Radioservice zum Wohl der Menschheit erfunden wurde. Falsch gedacht! Er ist für Stau-a-holics. Für Menschen, deren Schönstes es ist, Nervenzusammenbrüche im Nebenauto zu beobachten und kommentieren (»Siehste! Jetzt isse fertig, die Olle!«).

Ein Stau gehört also dazu. Denn der Hauptstädter hat schließlich ein großes Ziel. Die Gattung der Jrün-Lemminge teilt sich in verschiedene Unterarten – genauer gesagt, in drei Varianten der gemeinen Jrün-Gestaltung:

1. Sie haben einen Garten.
Dann fährt man »aufs Grundstück«. In Berlin gibt es 891 Schrebergärten sowie sage und schreibe 81.785 Parzellen. Die Kolonien tragen so hübsche, unverwüstliche Namen wie »Frohsinn II«, »Sorgenfrei« oder »Frieden e.V.«. Manche befinden sich gar im Stadtzentrum, die dort lebenden

Gartenzwerge und Menschen müssen um ihre Zukunft bangen.

2. Sie haben keinen Garten, aber ein Auto.
Dann fährt man zum Picknick oder zum Schwimmen.

3. Sie haben weder einen Garten noch ein Auto.
Macht nichts – nicht traurig sein! Dafür wurde der Tiergarten erfunden. Hier darf man noch grillen, Fußballspielen, faul – so Platz ist – in der Wiese liegen. Es ist ein Paradies mitten in der Großstadt, und über allem wacht Goldelse auf der Siegessäule. An schönen Sonntagen können Sie sie, wenn Sie genau darauf achten, zufrieden lächeln sehen.

Die Verbündeten der Jrün-Lemminge:
1. Die Gartenzwerge.
2. Die Nachbarn, deren Sonnenblumen höher wachsen als die eigenen. Dies ist Ansporn, noch besser zu werden. Abends sieht man die Hobbygärtner bei der Vertiefung ihres Wissens. Unvermeidbar ist dabei ein Sixpack, Buletten und eine Ehefrau oder in sonst einer Form Angebetete (unter Freunden auch schlicht »die Olle« genannt), die beides lächelnd und klaglos serviert.
3. Die Töle. Der Hund liebt das Grundstück mindestens ebenso wie Herrchen und Frauchen und verteidigt es vehement gegen Eindringlinge aller Art – vom Briefträger bis zu Nachbars Katze. Stolz trägt er Schrammen zur Schau, erlitten im Kampf um die Scholle. Und Herrchen ist nicht minder stolz.

Kaum eine Großstadt hat so viel Jrün aufzuweisen wie Berlin. Die Stadt besitzt 322 Spiel- und Liegewiesen, insgesamt sind dies 3.026.788 Quadratmeter Grün. Statistisch betrachtet, hat jeder Berliner – egal welchen Alters, welcher politischen Überzeugung und ungeachtet der Tatsache, ob er Eisbein mag oder nicht – 0,9 Quadratmeter Jrün zur freien Verfügung. Mitten in der Stadt. Wobei die Jrünliebhaber in den Bezirken Tempelhof, Steglitz und Zehlendorf am glücklichsten werden – dort gibt es die meisten Spiel- und Liegewiesen. Das Schlußlicht in der Jrün-Hitparade der Hauptstadt bildet Hohenschönhausen (keine amtlich verzeichnete Spiel- und Liegewiese), knapp geschlagen von Hellersdorf (dort gibt es immerhin eine).

Das ganz spontane Wochenende

Welche Rituale der Berliner in seiner Freizeit pflegt

Der Berliner gilt als spontan und unkonventionell, als ein Schlag Mensch, der mit einem schnellen Messerhieb sein Frühstücksei köpft und dazu frohgelaunt »Na, was haben wir denn da!?« exklamiert – immer wieder aufs höchste gespannt, welches Füllhorn das Leben denn heute zu seinen Füßen ausschütten wird. Dieser Ruf eilt ihm zu Unrecht voraus. Sie werden es allerspätestens dann merken, wenn Sie ganz unangemeldet bei einem alteingesessenem Freund vorbeischauen: Wollen wir wetten, daß es gerade »ganz, ganz schlecht« paßt? Rufen Sie das nächste Mal lieber vorher an, um festzustellen, ob Ihr Besuch willkommen ist. Sie könnten einen Ihnen lieben Menschen sonst dazu bringen, künftig die Türglocke überhören zu müssen und nicht mehr ans Telefon zu gehen, ohne den Anrufbeantworter zwischengeschaltet zu haben.

Überraschende Wendungen bereiten den Ureinwohnern dieser Stadt Unbehagen. Rituale sind es, die das Leben eines Berliners bestimmen. Klar! möchten Sie da einwerfen: Aufstehen, Duschen, Kaffeetrinken, zur Arbeit gehen, Mittagessen, und so weiter – aber das mache ich doch auch alles. Trotzdem sind Sie anders – denn quält Sie dieser Zwang zur Rationalisierung mithin am Wochenende? Genießen Sie nicht gerade da die totale Freiheit, solange im Bett zu liegen, bis der erste Pizza-Bringdienst liefert? Stehen Sie nicht am nächsten Sonnabend so früh auf, daß Sie der Erste sind auf dem Winterfeldtmarkt? Jeder könnte das, aber jeder, der länger in Berlin lebt, folgt irgendwann an seinen freien Tagen einem strikten Muster. Ob Schwimmengehen, Solarium oder Salatschnippeln – Sonnabend und Sonntag sind irgendwann durchgeplant. Unwiderruflich. Und in alle Ewigkeit.

Mit der folgenden Checkliste können Sie unauffällig vorgeben, schon Ihr Wochenende wie ein Insider durchorganisiert zu haben: Freitag ist – natürlich! – der klassische Tag, um sich abends auf einen Drink zu treffen (von Mittwoch einmal abgesehen, der noch mehr Ansehen genießt: Er markiert die Halbzeit, ist also gewissermaßen das Bergfest für den Weg ins Wochenende, die gefürchteten Touristen bleiben aus, und man kann gleichzeitig beweisen, daß der Beruf locker genug ist, um in der Woche auszugehen ...). Wenn Sie das Glück haben, in einer respektablen Cocktailbar das Arbeitsleben vergessen zu können, müssen wir uns keine Sorgen um Ihren Zustand am nächsten Morgen machen. Ansonsten gilt in allen anderen Etablissements: Hände weg von den Mischgetränken! Der neue Berliner Klassiker Caipirinha wird immer mit zu viel Zucker und zu wenig Limetten hergestellt. Die Folgen sind absehbar.

Ob so oder so: Sie werden das Bedürfnis haben, am Sonnabend länger zu schlafen. Aber nicht zu lange! Ab halb zehn werden ohnehin schwarze Gedanken durch Ihre Träume von italienischen Renaissance-Landschaften (wo es, im Gegensatz zu Berlin, immer anständigen Wein zu trinken gibt) geistern: Bald machen die Geschäfte zu! Oder: Du mußt noch in die Reinigung! Die Quintessenz der kleinen Nadelstiche: Es gibt ja noch sooo viel zu erledigen! Was in einer Kleinstadt mangels Masse innerhalb einer halben Stunde auf dem Wochenmarkt erledigt werden kann, folgt in Berlin einem ausgefeilten Logistik-Plan: Erst ins KaDeWe, wegen der dunkelblauen Socken. Dann bei Ullrich am Zoo zu günstigen Preisen Überlebensmittel (Milch, Brot, Schokolade) einkaufen, danach vielleicht eine Suppe bei Soupkultur am Kurfürstendamm 224. Zuletzt in die Giesebrechtstraße, die Blumen für Dagmar abholen. Wer hätte angesichts dieses Pensums noch Lust, erstmal gemütlich den Küchentisch mit Sesambrötchen vollzukrümeln? Seltsamerweise käme kaum ein Berliner auf die Idee, schon Donnerstag abend einzukaufen. Selbst ewig haltbare Dinge werden prinzipiell Sonnabend mittag eingesammelt.

Den frühen Nachmittag prägt ein gewisser Leerlauf. Wer ein Pferd im Grunewald hat, wird es jetzt besuchen, ihm ein wenig die Hufe auskratzen und gegebenenfalls eine Runde drehen. Auch die CosyWashs dieser Stadt haben zu dieser Zeit eine Auslastung von 100 Prozent: »Ich fahr' mal eben in die Waschanlage.«

Schritt 26: Planen Sie! Ein typisches Merkmal des Berliners ist, daß er nichts im Vorübergehen erledigt.

Es ist einfach unvorstellbar für ihn, auf dem Heimweg von der Arbeit mal schnell einen Kasten Mineralwasser ins Auto zu laden oder eine Radwäsche vornehmen zu lassen. Das alles erfordert Planung! Und wird genau deshalb auf den Sonnabend, »wenn man Zeit hat«, verlegt.

Sind die Kühlschränke gefüllt, gehen unter dem Motto »Der Tagesspiegel hat nichts ergeben und in der Morgenpost stand auch nichts« die Stunden zwischen 15 und 19 Uhr vorüber. Denn es ist wahr, daß auch Inhaber großzügig geschnittener Altbauwohnungen in bevorzugter Charlottenburger Lage sich permanent auf Wohnungssuche befinden. Das allerdings betreiben sie mehr als Sport – es ist vergleichbar einem Quartettspiel bei Kindern: »120 Quadratmeter, zwei Balkone ...« – »Ach, das war die ohne Fahrstuhl in der Carmerstraße, nicht?« Montag im Büro wissen die Kollegen immer, wovon man spricht – und träumt. Konkurrenzdenken entfaltet sich allerdings selten: Meistens überlegt man ohne Eile, »auf Arbeit« mal anzurufen. Bei diesem Vorsatz bleibt es meistens auch. Denn schlimmer noch, als sich mit 100 Quadratmeter Altbau zufriedengeben zu müssen, ist der Gedanke an Umzug.

Sonnabend abend hat man entweder etwas vor, oder man sollte sich Gedanken um seinen Ruf machen. Es ist der Tag der großen privaten Einladungen; der »Feste bei ...«, der Salons und der Geschäftseröffnungen. Die Premierenfeiern der Staatlichen Bühnen hingegen finden meistens freitags statt – damit die Rezensenten schön lange bleiben können und deshalb gnädig gestimmt ihre Kritik verfassen.

Haben Sie nichts vor, verhalten Sie sich einfach unauffällig. Betäuben Sie dieses Gefühl der Leere nicht, indem Sie sich vom Lieferservice in der Pariser Straße eine Auswahl Sushi kommen lassen – nichts ist schlimmer als der mitleidige Blick eines Food-Kuriers, der Ihnen ansieht, daß Sie ganz allein zu Hause herumhängen. Glauben Sie nicht, daß Sie ja später noch richtig schön ausgehen können: Keiner über 28 stürzt sich am Sonnabend noch freiwillig ins Nachtleben – es ist so schrecklich mühsam, bis zwei Uhr nachts wach zu bleiben. Belügen Sie sich also nicht selbst, und beschränken Sie sich auf den Fernseher. Morgen werden Sie zumindest herrlich ausgeruht aussehen. (Wenn Sie schon tanzen gehen müssen, tun Sie es donnerstags – wg. Renommee, siehe oben!)

Konnten Sie sich gestern dann doch nicht zum Einkaufen aus den Federn quälen, könnte folgendes Ihre Rettung sein: Der Sonntag wird in Berlin mit einem üppigen Frühstück begangen. Heute ist der Tag, wo niemand zu Hause ißt. Sei es, weil sämtliche Restaurationsbetriebe vom Kreuzberger »Morgenland« bis zum Charlottenburger »Hotel am See« allen

Säumigen ein mitunter nur allzu verlockendes Frühstücksbuffet offerieren – sei es, weil dies der Tag ist, an dem Geburtstage, Jubiläen und neue Jobs gefeiert werden. Berlin gibt zwar auch Parties – aber das private Berlin lädt am liebsten zum Frühstück. Natürlich wirkt es herrlich informell, seinem Abteilungsleiter einen Plastikteller mit Kartoffelsalat in die Hand zu drücken – aber was wird er dazu sagen, daß er (wegen des empfindlichen beigefarbenen Velourfußbodens) die Schuhe ausziehen soll? Ganz einfach: Gar nichts. Er wird auch seinen Kaffee ohne mißbilligendes Mienenspiel aus der Kunststofftasse trinken, denn er wohnt schon länger hier.

Schritt 27: Grübeln Sie nicht über die Probleme Ihres Gastgebers! Er wird schon wissen, wie er 20 Leute auf fünf Stühlen und einer Bettcouch unterbringt. Berliner Gäste sind daran gewöhnt.

Quiche Lorraine, gebratene Eier und warmgehaltene Kartoffelaufläufe deuten darauf hin, daß dieses Frühstück natürlich ein ausgewachsener Brunch ist – jenes Wort jedoch verabscheut der Berliner als neumodisch. Allenfalls wurde er noch das Fontanesche Gabelfrühstück durchgehen lassen. Auf jeden Fall geht es, wie beim alten Theodor, nicht ohne geistige Getränke ab. Ein Prosecco wird gern gereicht, die Gästeschar zerstreut sich zu Kleingrüppchen und plaudert angenehm. Bis das böse Wort fällt: »Frische Luft«, so murmelt einer, »wäre jetzt gut«. Und schon fühlen sich alle wieder an ihren ganz geheimen, nimmer schweigenden Wochenend-Terminkalender erinnert: Sonntag, dazu gehört ein Spaziergang. Der führt komplizierterweise nicht zum Stadtpark um die Ecke, sondern hat im Tiergarten, Grunewald, am Wann- oder Schlachtensee stattzufinden. Eine halbe Stunde fahren, eine Viertelstunde laufen – so die Faustregel für's Spazierengehen. Und schon ist die schöne faule Stimmung hin.

Der Gang ist kurz, die Sauerstoffaufnahme zeitlich begrenzt. Danach folgt die traditionelle Fahrt zum Ku'damm, denn der Sonntagskuchen wird natürlich bei »Leysieffer« erstanden. Oder, so die elegante Variante: Apfelstrudel im »Café Einstein« einpacken lassen. Auf jeden Fall gilt: Nicht dort essen! Autoschlüssel in der Hand behalten, hastig zahlen und rasch verschwinden. Immer den Eindruck vermitteln, daß Sie jemand dringend erwartet! Am Sonntag gehen nämlich nur Touristen mal so »richtig gemütlich« Kaffee trinken. Wer nicht gerade in der Feuerwehreinfahrt parkt, holt sich am Bahnhof Zoo oder im Ku'damm-Karree noch etwas zum Blättern.

Und so nähert sich der Sonntag in ausgeprägter Sprachlosigkeit – wegen vollem Mund (Torte) oder interessanter Lektüre (Zeitschrift) – dem Abend. Höhepunkte werden nicht erwartet: Sonntagabend geht eigentlich wirklich niemand aus. Sie merken es zum Beispiel daran, daß Sie ohne Reservierung ins »Borchardt« gehen können. Das »Bovril« macht an diesem Tag erst gar nicht auf. Denn es ist die letzte Chance, sich vom Wochenende und seinen vielfältigen Pflichten noch ein wenig zu erholen – und sich für die vielen Wochenabende mental aufzurüsten.

Hurra, die Familie kommt (schon wieder)!

Wie und wo man Familie und Freunde am besten unterbekommt und wie Sie aufdringliche Langzeitgäste elegant wieder loswerden

Berlin übt – trotz aller Kritik und Angst oder vielleicht gerade deshalb – eine ungeheure Anziehungskraft auf Menschen aus aller Welt aus. Auch wenn Tourismusmanager permanent über einen Besucherrückgang klagen: Es gibt immer noch genug Reisende, die an die Spree kommen wollen. Und weltweit gilt: Wozu ein Hotelzimmer buchen, wenn man auch gratis wohnen kann? In diesem Fall werden entfernte Bekannte plötzlich zu Freunden, die Sie unbedingt wiedersehen müssen. Geübte Weltreisende knüpfen täglich neue »Freundschaften« (am besten im Ausland auf neutralem Gebiet, wo man in Urlaubslaune nach dem fünften Grappa ohne bösen Hintergedanken seine Visitenkarten verteilt und nicht im entferntesten die Folgen abschätzen kann).

Zu den Reisevorbereitungen der Kosmopoliten auf dem Spartrip gehört dann längst nicht nur das Lesen von Reiseführern und anderer Literatur. Familien-Stammbäume werden durchforstet. Und tatsächlich: Meist findet sich ein gutmütiger, ahnungsloser Onkel oder eine entfernte Base, der dem Besucher Quartier gewährt. Freiwillig oder nicht – dem aufdringlichen Reisenden ist es in jedem Fall egal. Er kennt keine Hemmungen, sondern nur ein Ziel: die kostenlose Übernachtung, wenn möglich mit Frühstück, zuverlässigem 24-Stunden-Chauffeurservice und Gratis-Unterhaltungsprogramm.

Es gibt fünf Kategorien von Gästen:

1. Die Rücksichtsvollen
Sie rufen an und bitten höflich um Hoteltips. Und quartieren sich dann auch tatsächlich auf eigene Kosten ein. Leider eine aussterbende Minderheit.

2. Die Zecken
Sie fragen scheinheilig nach einem Hotel, lenken dann das Gespräch geschickt auf ihren desaströsen Kontostand (»Ich bin sooo im Minus, das Leben wird immer teurer«) und warten darauf, aus Mitleid eingeladen zu werden (»Ich bring' dir auch was Schönes aus Bad Salzuflen mit!«).

3. Die Kamikaze-Besucher
Sie rufen an und teilen mit, daß sie gerade in Berlin eingetroffen sind und schon in einem halben Stündchen da sein könnten. Sprich: Da sein werden. Widerspruch ist zwecklos, weil sie kein Kleingeld mehr haben und deshalb nicht länger telefonieren können. »Ich muß jetzt aufhören, aber wir sehen uns sowieso gleich!« In diesem Fall können Sie nur Ihr Namensschild abmontieren und vorübergehend Ihr Telefon abmelden. Oder Sie ändern die Ansage auf Ihrem Anrufbeantworter, ungefähr so: »Bis zum nächsten Osterfest bin ich leider verreist. Hinterlassen Sie deshalb bitte keine Nachricht.« Das müssen Sie leider durchhalten, bis der Kamikaze-Besucher die Stadt verlassen hat. Wenn er zwischen den Zeilen lesen kann, hören Sie garantiert nie wieder etwas von ihm.

4. Die unverschämten Kamikaze-Besucher
Sie stehen ohne Anruf mit ihren Koffern vor der Tür: »Ich bleibe nur zwei Wochen, die Hotels sind aber auch so was von unverschämt teuer bei Euch!«

5. Die Kamikaze-Zecken
Sie sind weder miteinander verwandt noch besonders innige Freunde. Eigentlich kennt man sie bei genauer Überlegung kaum. Sie kommen überfallartig und ziehen erst nach Androhung oder Einschaltung eines Rechtsanwaltes wieder aus. Nicht ohne sämtliche Vorräte (ja, auch den guten Wein, den man für den Geburtstag aufheben wollte) verläßlich vernichtet zu haben.

Das alles muß nicht sein. Denn zur Vermeidung dieser Mißlichkeiten wurden die Hotels erfunden. Es gibt in Berlin 543 Hotels und Übernachtungsbetriebe mit insgesamt 62.024 Betten. Da wird sich doch ein Plätzchen finden lassen!

Wie aber machen Sie als Neuberliner oder geübter Hauptstädter Berlinbesucher elegant auf die Schönheiten der Berliner Hotels aufmerksam? Kündigt jemand seinen Besuch an, sollten sämtliche Alarmglocken schrillen. Sodann schreiten Sie zur Tat.

Schritt 28: Sammeln Sie Hotelprospekte! Sie werden sie schneller brauchen, als Ihnen lieb ist.

Besonders umsichtige Menschen kopieren diese, für den Fall steigenden Andrangs. Andere lassen sich die Informationen und Preise der Zimmer schicken. Besuchern, die gerne einen oder zwei über den Durst trinken, empfehlen Sie am besten ein Hotel mit renommierter Bar. Wen Sie nicht allzuoft treffen wollen, quartieren Sie mit Hinweis auf die große Geschichte in Potsdam ein. Da kaum jemand als Geschichtbanause abgestempelt werden will, wird man Ihren Ratschlag vorerst klaglos befolgen (was die Leute hinter Ihrem Rücken reden, darf Ihnen egal sein, man kann schließlich nicht von allen Menschen geliebt werden).

Im Notfall und in schweren Besucher-Fällen (Erbtanten, Exfreunde) können Sie dann am zweiten Besuchstag einen doppelten Achsbruch Ihres Autos vorschieben. Öfter als einmal fährt garantiert niemand freiwillig nachts mit der S-Bahn von Berlin in Richtung Potsdam. Als Grundregel gilt: Je nerviger die Gäste, desto weiter weg verbannt man sie, unter Beschwörung der guten Luft und der Schönheiten Brandenburgs, vor die Tore der Stadt.

Wir wissen, daß nicht alle Menschen schlecht sind. Und wer Interesse für Berlin hegt, muß im Grunde seines Herzens ein guter Mensch sein. Auch haben Sie vielleicht nette Erbtanten, Exfreunde und Cousinen dritten Grades, die man rein aus Platzmangel nicht bei sich beherbergen kann. Die Besucher müssen ins Hotel – und sie sollen es richtig schön haben. Jeder nach seiner Fasson, jeder nach seinem Kontostand.

Im *Regent Schloßhotel Vier Jahreszeiten* im Grunewald wird der Gast sich garantiert im Paradies wähnen. Der Modeschöpfer Karl Lagerfeld hat das Haus neu gestaltet. Es ist das einstige Adelspalais Pannwitz. Die Familie ließ es als Wohnsitz bauen, als Grunewald noch ein Vorort Berlins war. Walther von Pannwitz, Anwalt aus München, legte fünf Millionen Goldmark hin, 1914 wurde das Palais fertiggestellt. Im selben Jahr, nur acht Monate vor Ausbruch des Ersten Weltkrieges, betrat Seine Majestät Kaiser Wilhelm II., ein Freund der Familie, als erster Gast das Haus. Unter den Nationalsozialisten beherbergte das Haus Pannwitz die kroatische Gesandtschaft, nach 1945 wurde es als britisches Offizierscasino genutzt. Die Villa stand nun lange Zeit leer, bis 1951 der Hotelier Wolfgang Gehrhus es unter dem Namen »Schloßhotel Gehrhus« wieder zu einem Treffpunkt der Prominenz machte. Stars und Sternchen gaben sich hier ein Stelldichein, Schauspielerin Romy Schneider feierte im Grunewald ihre Hochzeit. Wolfgang Gehrhus starb im Jahre 1984. Im neuen Schloßhotel, das für rund 15 Millionen Euro renoviert und restauriert wurde, wohnten bislang Persönlichkeiten wie Elton John, José Carreras, David Bowie.

Zu den beliebtesten Nobelhotels der Stadt zählt bei Prominenten aus Wirtschaft, Politik und Show das *Grand Hotel Esplanade*. Neben dem exzellenten Service ist die schon empfohlene »Harrys New York Bar« sicher mit ein Grund, hier zu wohnen.

»Fünf Sterne plus« lautet die Devise im neuen *Hotel Adlon* am Pariser Platz. Schon im alten Adlon war Luxus oberstes Gebot. »Kinder, geht doch ins Adlon!«, pflegte Kaiser Wilhelm II. seinen Gästen launig zu empfehlen. Von seiner Eröffnung 1907 bis zu seiner Zerstörung kurz nach dem Zweiten Weltkrieg war das Hotel der Treffpunkt der internationalen Gesellschaft. Die Gästeliste ist ein Who is Who seiner Zeit: Greta Garbo, Thomas Mann, Gerhart Hauptmann, Charlie Chaplin, Albert Einstein, Enrico Caruso, der Zar von Rußland, Lawrence von Arabien verkehrten hier. Nebst vielen, vielen anderen Prominenten. Jetzt haben wir es wieder. Wir, weil das Adlon selbstverständlich den Berlinern gehört, und jetzt auch Ihnen als Neuberliner. Daß die Berliner ihr neues Adlon ebenso wie das alte lieben, zeigte sich vom ersten Tage an. Das Haus wurde regelrecht erstürmt, anfangs bot man sogar Führungen an. Die Zimmer sind selbstverständlich vom allerfeinsten: Sekretäre mit Intarsien, geschwungene

Holzwände, Betten, aus denen man sich nie wieder (freiwillig) erheben möchte, Marmor sowieso. Garantiert schöner als Fernsehen ist es, sich in die Lobby zu setzen und die Menschen aus aller Welt zu betrachten. Morgens, mittags, abends und nachts. Das Hotel hat gleich zwei Bars: die »American Bar« und die »Lobby Bar«.

Wenn zur Love Parade das Volk im Zelt oder Auto schläft, dann ruhen sich die teuer eingeflogenen DJs in den Suiten des *Grand Hyatt* am Potsdamer Platz aus. So wie es hier aussieht, wohnen sie nämlich auch zu Hause gern: Leer müssen dort die Räume sein – wie hier die Lobby, in der nur die Selbstbewußten einen wirklich großen Auftritt hinlegen können. Holz muß dunkelbraun gebeizt sein, um an die überraschende Eleganz der ersten Nachkriegsjahrzehnte zu erinnern. Eine Reminiszenz an diese Zeit ist auch der wohldosierte Einsatz leicht schräger Farben wie Lila. Hier herrscht moderne Klassik wie aus der Stilfibel vor, fast achtlos steht etwa »La Chaise« von Charles und Ray Eames auf einem Flur. Kühn hingegen der komplett mit Edelstahl ausgeschlagene Hotelpool. Er steht hinter Panoramafenstern auf dem Dach, die Sicht über die Stadt ist unübertroffen (aus den Zimmerfenstern blickt man nämlich bloß auf Hauswände), wie auch das später in Augenschein zu nehmende Whiskyangebot der »Vox-Bar« im Erdgeschoß – mit 200 Sorten das umfangreichste Berlins.

Freunde des Purismus werden sich im *Four Seasons* nicht wohlfühlen. In dem Hotel am Gendarmenmarkt herrscht die Freude am Opulenten vor: riesige Blumenbuketts, üppige Draperien, gefällig verstreute Antiquitäten, Porzellanfiguren aus Meißen, Gemälde des 19. Jahrhunderts. In dem ersten deutschen Haus der gleichnamigen kanadischen Luxushotel-Gruppe sieht es so aus, wie man sich in der Neuen Welt gern das gute alte Europa vorstellt. Hier wohnen Unternehmer und Vorstandsvorsitzende nebst Gattin, man schätzt es gediegen, eben ein bißchen wie zu Hause, wo die Bediensteten die Kristallvasen fusselfrei halten. Das Luxushotel hat eine der schönsten Suiten der Stadt, mit Blick auf den traditionsreichen Gendarmenmarkt. Wenn im Restaurant kein Platz mehr frei ist, geht man einfach nach nebenan, ins »Borchardt«.

Geschichte und Modernes sind aufs wunderbarste im *Ermelerhaus* in Mitte vereint. Der Tabakhändler Wilhelm Ermeler erwarb das Rokoko-Palais im Jahre 1324. Er bat darin zu Salons und machte das Haus zu einem geistig-kulturellen Mittelpunkt der Stadt. Nach der Wende wurde das ehemalige Museum von der Treuhand zum Verkauf angeboten. Der Berliner Bauunternehmer Dirk Gädeke setzte einen Neubau an das alte Gebäude und eröffnete im Januar 1997 das *art'otel ermelerhaus* berlin. Der Künstler Georg Baselitz hat das Haus gestaltet. Gefrühstückt wird im überdachten Hof.

Das vermutlich ausgefallenste Hotel der Stadt ist das *Künstlerheim Luise* unweit des Brandenburger Tors: nämlich eine Galerie mit Betten. Schon im Foyer fällt ein riesiger Pferdekopf aus Pappmaché ins Auge – die 30 Zimmer des Hauses wurden allesamt von Künstlern gestaltet (der Komfort ist deswegen etwas ins Hintertreffen geraten, entweder ist das Badezimmer nur eine Naßzelle oder aber man muß zur Etagendusche schreiten). Es wirkten etwa die »Junge Wilde« Elvira Bach, die ihre stolzen Küchendiven auf hohen Hacken an die Wand brachte. Bei Kehl schläft man im lila lackierten Bett, bewacht von leicht hysterischen Comicdamen. Und der Berliner Odin schuf eine Hommage an des Hauptstädters liebstes Schoßtier: Eine Wand des Zimmers ist mit Futternäpfen behängt – weiß auf blau tritt der brave Hund hervor.

»... Glas nach Glas in den Schlund gegossen ...«

Das stürmische Buffetverhalten des Hauptstädters

In schlechten Zeiten, in denen das Geld knapp wird, kocht man nicht gerne am heimischen Herd, sondern nimmt lieber jede Gelegenheit wahr, bei der Lachs und Buletten zum Nulltarif geboten werden. Daher ereignen sich an Berliner Buffets tragische Szenen.

Schritt 29: Auf die Plätze, fertig, fressen! Nirgendwo auf der Welt werden Buffets dermaßen schamlos gestürmt wie in Berlin.

Für Neuankömmlinge muß es so aussehen, als würde Berlin noch via Luftbrücke versorgt und als gäbe es einen permanenten Mangel an Lebensmitteln. Der letzte »Rosinenbomber« landete allerdings im Mai 1949. Menschen, denen man eher Diät empfehlen würde, stürzen sich heute noch mit gierigem, ausgehungertem Blick auf die vollen Tabletts. Sie laden ihre Teller voll, als gelte es, mit einem einzigen Gang eine siebenköpfige Familie zu verköstigen. Ganz ohne Scham. Alsdann schleppt man sich und seine Beute in eine stille Ecke, wo alles gierig verschlungen wird. Motto: Zeit ist Geld.

Solange noch Lachs und andere gute Sachen vorrätig sind. Wer zögert, verliert wertvolle Sekunden und hat schon verloren. Er muß sich dann mit Schrippen und fettig glänzendem Käse begnügen – und nimmt sich fest vor, daß ihm das nie wieder passieren wird.

Schritt 30: Neuer Teller, neues Glück! Wer schnell ißt, kann bald sein Gourmetglück ein zweites Mal versuchen.

Ein Blick in die Vergangenheit beweist, daß dies keine Erscheinung des beginnenden 21. Jahrhunderts ist. Die Leidenschaft für das Erstürmen mehr oder weniger liebevoll dekorierter Buffets geht an der Spree auf jahrhundertelange Erfahrung zurück. Geben ist seliger als Nehmen? Es ist genau umgekehrt!

Heinrich Heine schrieb 1822 seine Beobachtungen nieder. Die klingen zwar nicht sonderlich charmant, aber die Wahrheit ist das selten: »Wenn ich nicht den festen Glauben in der Brust trüge, daß die Berliner Muster von Bildung und feinem Betragen sind und mit Recht auf die Ungeschliffenheit meiner Landsleute verächtlich herabschauen, wenn ich mich nicht bei vielen Gelegenheiten überzeugt hätte, daß der powerste Berliner es im anständigen Hungerleiden sehr weit gebracht hat und meisterhaft darauf eingeübt ist, den schreienden Magen in die Formen vornehmer Konvenienz hineinzuzwängen, so hätte ich von den Leuten hier sehr leicht eine ungünstige Meinung fassen können, als ich bei dieser Freiredoute sah, wie sie das Buffet sechs Mann noch umdrängten, sich Glas nach Glas in den Schlund gossen, sich den Magen mit Kuchen anstopften, und das alles mit einer ungraziösen Gefräßigkeit und heroischen Beharrlichkeit, daß es einem ordentlichen Menschenkinde fast unmöglich war, jene Buffetphalanx zu durchbrechen, um, bei der Schwüle, die im Saale herrschte, mit einem Glase Limonade die Zunge zu kühlen.« Ein Glas Limonade? Daran ergötzt sich heute wahrlich niemand mehr. Man kommt, um möglichst Hochprozentiges in sich hineinzuschütten. Leider wird gerne am Champagner gespart und neuerdings stattdessen Sekt gereicht, bedauerlicherweise häufig zu warm.

Ein Phänomen der Berliner Gourmet-Szenarien sind die Buletten. Was bewegt mündige Menschen dazu, sich undefinierbare Fleischklopse in den Mund zu schieben? Man sieht es zum ersten Mal und wundert sich. Es ist eines jener Rätsel, für die man wohl nie eine schlüssige Erklärung bekommen wird.

Die häufigste Antwort auf die Frage nach dem Warum lautet: »Die Bulette gehört eben zu Berlin.« Wie die Pizza zu Italien und die Paella zu Spanien – mit dem Unterschied, daß die Nationalgerichte dort wenigstens mit Liebe zubereitet werden. Gewiß, es gibt auch wohlschmeckende Exemplare, aber von denen ist hier nicht die Rede, und nach ihnen muß man wirklich lange suchen. Es gibt wohl keine Stadt, in der man sich mit ähnlicher Begeisterung ähnlich furchtbarem Essen hingibt (Hamburger Labskaus ist im Vergleich zur Bulette ein Gourmetgericht). Die gewöhnliche Buffet-Bulette ist fett, fleischarm und harrt schon viele Stunden ihrem unausweichlichen Schicksal, dem Tod durch gieriges Verschlingen.

Merkwürdig ist in Berlin zuweilen auch die Dekoration von Buffets: Entgegen allgemeiner Erkenntnis, daß auch das Auge mitißt, schließt man

angesichts derselben am besten alle beide. Denn die Dekorationsvarianten sind mitunter mehr als merkwürdig: Gerne greift man zu ganzen (!) Salatköpfen. Welche Sinne diese Form der Dekoration ansprechen soll, ist noch völlig unerforscht. Auch ganze Tomaten, Salatgurken u.ä. dienen in Berlin häufig zur vermeintlichen Verschönerung. Wahrscheinlich, weil man sie am nächsten Tag noch gut für den Salat verwenden kann.

Doch nicht immer – denn ist der Abend lang und das Buffet leergegessen, schrecken Gäste nicht einmal vor dem Verzehr der Dekorationsstücke zurück. Beliebt sind auch selbstgebastelte Alu-Halbkugeln, auf denen der Lachs in scheinbar verschwenderischen Mengen drapiert ist. In Wahrheit sind es aber nur 100 Gramm. Je später der Abend, desto häßlicher erscheinen diese Relikte des nie dagewesenen Designs. Man mag gar nicht hinsehen. Das ist zumeist der Zeitpunkt, an dem man die Gesellschaft schleunigst verlassen sollte. Man versäumt dann garantiert nichts mehr.

Doch dies ist nicht die einzige Gourmet-Verirrung Berlins. Es gibt leider noch eine weitere: die Chinapfanne. »Endlich Party! Endlich Gelegenheit, die Kühlschränke zu räumen!«, scheint sich so mancher Hauptstadtkoch zu denken. Dann schlägt die Stunde der Chinapfanne. Man schneidet bedenken- und verantwortungslos alles hinein, was dringend weg muß: die halbe Dose Sojasprossen, eine etwas runzelige grüne Paprika, die Reste von gekochtem Schinken ... Sie fehlt auf keinem Volksfest, und sogar Mittelklasse-Etablissements schrecken nicht davor zurück (bei Empfängen in Hotels ab vier Sternen gibt es sie glücklicherweise nie). Die Portion, im vornehmen Pappschälchen serviert, kostet um die drei Euro. Im Grunde genommen ist jeder Preis eine zu hohe Investition für diese Herausforderung des Magens.

Dann schon lieber eine Spreewaldgurke. 1991 sagte man das Produkt aus dem Osten einfach tot. Nicht die Spreewaldgurke! Rund 20 Millionen Gurkengläser produziert allein der größte Hersteller aus dem Landkreis Dahme-Spreewald. Die Rezeptur für die Gurken ist top secret. Meerrettich kommt hinein, viele Kräuter werden beigemengt, der Rest ist Geheimnis. Rund 15.000 Tonnen Gurken wachsen im brandenburgischen Spreewald auf einer Fläche von rund 400 Hektar. Eines der Geheimnisse der Spreewälder Gurken liegt – so Experten – darin, daß die Gurken hier wegen der

Bodenbeschaffenheit mehr Zeit zum Wachsen brauchen als anderswo. Dafür werden sie aber, zur Belohnung für die Geduld, fester und eignen sich besonders gut zum Einlegen. Ein Drittel der krummen Dinger wird auf Märkten verkauft, der Rest landet im Glas.

Bei keinem richtigen Berliner Brunch darf das Sol-Ei fehlen. Meist hält es sich in Buletten-Nähe auf. Die »Soleierei« war ursprünglich nichts weiter als ein altgermanisches Konservierungsverfahren, die Berliner haben daraus eine Spezialität gemacht. Ein Sol-Ei erkennt man als Unkundiger daran, daß es in relativ trüber Flüssigkeit schwimmt, die Eierschale weich wie Gummi ist und der Dotter wie Grünspan leuchtet. Das klingt schlimmer als es schmeckt (nach allem, was wir sonst noch Kulinarisches über die Hauptstadt erfahren haben!). Früher gab es Sol-Eier in fast jeder Eckkneipe. Heute steht dort die Mikrowelle. Wer hat noch Zeit, ein Sol-Ei zuzubereiten? Denn die Herstellung erfordert Geduld – eine Wesensart, die Sie in der Hauptstadt nur selten antreffen werden. Zuerst wird eine Mischung aus Zwiebeln, Senf- und Pfefferkörnern, Salz, Wasser und Weißwein gekocht und Essig hinzugefügt. Man kocht alles gemeinsam auf und läßt es abkühlen. Sodann gibt man hartgekochte und angeschlagene Eier in ein Glas. Die Sol-Eier müssen nun mindestens 14 Tage zugedeckt vor sich hindümpeln, ehe sie verzehrbereit sind. Genießer essen das Sol-Ei dann erstens langsam und zweitens mit Essig, Öl und Pfeffer. Zum Nachspülen empfehlen sich Molle und Korn.

Es gibt eine vegetarische Alternative zur Bulette – die Falafel. Seit rund zehn Jahren stellt sie den hungrigen Berliner, häufig im Dunkel der Nacht, vor die Entscheidung: Esse ich etwas sehr Ungesundes (= Bulette) oder etwas weniger Ungesundes (= Falafel), das meist besser schmeckt, aber auch nicht frei von Tücken ist? Der Teig wird aus Kichererbsen, Petersilie, Zwiebeln, Porree und Knoblauch hergestellt. Es handelt sich um tischtennisgroße Bällchen, die so lange fritiert werden, bis sie außen eine dunkelbraune Kruste haben. Dann erfahren sie zumeist dasselbe Schicksal wie das Dönerfleisch: Zwischen Zwiebeln, Tomaten und Salat eingepfercht, landen sie im aufgeschnittenen Fladenbrot. Soße drauf – fertig! Die gesunde Komponente der Falafel wird den Proteinen der Kichererbse zugeschrieben. Ihren Ursprung hat sie im arabischen Raum, man ißt sie in Israel ebenso gerne wie in Tunesien und Ägypten. Wie der Erwerb einer Currywurst ist auch der Kauf von Falafel Vertrauenssache. Vorsicht bei lose sitzenden Zahnkronen! Zu lange fritierte Exemplare sind kleine Mordwaffen, nämlich so hart, daß damit Fensterscheiben eingeworfen werden können – Königsberger Klopse sind Mus dagegen!

Ist die Currywurst gut zubereitet, kann man sich wirklich daran erfreuen. Leider können Sie als Neuankömmling die feinen Unterschiede noch nicht kennen und fallen deshalb leicht auf minderwertige Ware herein. Grundregel für den Currywurstgenuß: Wo viele Menschen anstehen, kann die Wurst nicht schlecht sein. Die Geburtsstunde der Currywurst schlug offiziell am 4. September 1949. Die Imbißbuden-Besitzerin Hertha Heuwer mischte eher aus Langeweile denn aus Erfindergeist ein paar Gewürze, darunter Curry, zusammen und verfeinerte damit die Dampfwurst (heute mischt man leider nur Curry ins Ketchup – fertig!). Und als Frau von Intelligenz und Weitblick ließ sie sich die Idee patentieren. Der wahre Currywurst-Kenner würde das Objekt der Begierde niemals im Sitzen verzehren. Eine Currywurst wird ausnahmslos im Stehen genossen, und nur in Ausnahmefällen nimmt man dazu Messer und Gabel. Ein ungeschriebenes Gesetz, das manchem Berliner nur zupaß kommt: Mit den Fingern zu essen, das ist das Gebot der späten Stunde. Es bietet zwar meist kein angenehmes optisches Bild, aber was soll's. Design überläßt man in Berlin sowieso gerne den anderen. Imbißbuden-Besitzer, die sich das nicht länger ansehen wollen (oder können), schneiden das Objekt der Begierde vorsorglich in kleine Stückchen. So reicht ein kleines Plastikgäbelchen, um sich zu laben.

Die Bockwurst wurde – von den Geschichtsschreibern fast völlig vernachlässigt – in Kreuzberg erfunden. Ihr Name kommt daher, daß der Schankwirt Richard Scholz die Wurst zum Bockbier servierte. Die einfachsten Ideen sind eben doch die besten.

Die feinste Adresse für Wurst ist der Stand am Kurfürstendamm 195. Hier ist man auch morgens um vier noch freundlich, und der Gast kann erstaunliche, hungrige Menschen kennenlernen. Es ist übrigens mit Sicherheit die einzige Wurstbude der Stadt, in der man Champagner bestellen kann.

Der Döner Kebab, im Volksmund schlicht Döner genannt, heißt übersetzt »drehender Braten« (Döner = Drehen, Kebab = Braten). Wie bei allen Berliner Spezialitäten gilt für Neuankömmlinge auch hier die Vorsichtsstufe 1. Denn es gibt so'ne Döner und solche. Türkische Gastarbeiter importierten den Imbiß in den 60er Jahren. Seitdem ist er vom Speisenzettel des Berliners nicht mehr wegzudenken. Das Fleisch sollte unbedingt von Lamm oder Kalb sein. Mit dem Döner untrennbar verbunden ist die Frage »Mit Soße?« und ein Lächeln. Erst säbelt der Mann, dann kommt die Soße (Nach-Frage: »Scharfe Soße?«), schließlich beginnt das Üben: Für Anfänger stellt das gefüllte Fladenbrot, bei dem aus allen Ecken die Soße quillt, eine größere Herausforderung dar. In der Ruhe liegt die Kraft, Übung macht den Meister.

Eine weitere extraordinäre lukullische Erfindung ist das Eisbein. Sein Name stammt vermutlich daher, daß man einst (im Mittelalter und danach) die Röhrenknochen des Beins zu Schlittschuhen verarbeitet hat. Zuerst wird das Eisbein gepökelt, anschließend gekocht und mit Erbs-püree serviert. Am ehesten in typischen Touristenlokalen zu empfehlen, dort hat der Koch ausreichend Übung im Zubereiten.

Sie müssen in Berlin selbstverständlich keinen Schritt vor die Tür machen, wenn Sie hungrig sind. Alles kommt ins Haus. Auf kleinen, aufdringlichen Handzetteln (im Briefkasten) bieten Lieferunternehmen aller Art ihre Dienste an. Sehen Sie großzügig über Rechtschreibfehler im Angebot hinweg (ab fünf Fehlern aufwärts sollten Sie allerdings ein Konkurrenzunternehmen vorziehen, weil Sie befürchten müssen, daß die Leute kochen wie sie schreiben).

Wer sich und seine Gäste richtig verwöhnen möchte, ruft allerdings in der Feinschmeckerabteilung des KaDeWe an: Dort wird Ihnen garantiert jeder Wunsch erfüllt. Nur sollten Sie bei der Schilderung Ihrer Küche schön bei der Wahrheit bleiben. Denn wenn die Köche ins Haus kommen, müssen die ihr Handwerk effizient ausüben können. Als Horrortag ging jener in die Geschichte des Hauses ein, als ein Kunde dem Team zum Hummerkochen eine riesige Privatküche versprach. Diese entpuppte sich als so klein, daß der Hummer in großen Töpfen im Garten gegart werden mußte.

Es gibt trotz aller Bulettenkritik auch in einer Stadt wie Berlin Lichtblikke. Ein Einkauf bei »Butter Lindner« wird jeden Neuberliner nach erlittenem kulinarischen Unrecht wieder versöhnen. Hier gibt es alles und nur vom Feinsten: Rosinenbrötchen, Eier von glücklichen Hühnern, Milch, die schmeckt, als wäre sie vor drei Minuten noch in einer richtigen Kuh gewesen, Semmelknödel wie von Omas Hand. Wer danach seine Figur retten muß, greift zum Hüttenkäse.

Vor rund 50 Jahren gründeten die sowjetischen Kulturoffiziere Arsenij Gulyga und Alexander Mosjakow den Künstlerklub »Die Möwe« in der Luisenstraße. Heute befindet sich die »Möwe« im Palais am Festungsgraben. Sie ist immer noch ein Künstlerklub, und auch ein gleichnamiges Restaurant, beide Einrichtungen werden getrennt geführt, treffen aber jeden Montag abend aufeinander, wenn es gilt, die hungrigen Gäste mit Kultur bei Laune zu halten – beispielsweise in Form von griechischen oder Wiener Abenden. Das Essen ist dann auf das jeweilige Kulturthema abgestimmt. »Möwen«-Betreiber Aris Papageorgiou hat Erfahrung mit erfolgreichen Restaurants: Ihm gehörte einst das »Fofi's«: ein legendäres Prominentenrestaurant in der Fasanenstraße, das nach seinem Umzug ins Nikolaiviertel jedoch leider als gescheitert betrachtet werden muß. In der »Möwe« gibt es wunderschön geschwungene, rote Samtsofas, mit blauem Samt bezogene Stühle, hohe Wände, bezauberndes Licht und einen Flügel, damit es den Gästen nicht langweilig wird. Heute zählt das Restaurant zu den stilvollsten der Stadt. Im Sommer sitzt man auf der eleganten Terrasse mit Blick auf den Garten des Maxim-Gorki-Theaters.

Das gute alte West-Berlin lebt im Kempinski weiter. In den 20er Jahren des vergangenen Jahrhunderts setzte man auf halbe Portionen. Sie galten damals als »Erziehung zur Kultur«. Man hatte in einer Stadt, in der Buletten und Wurst heiß begehrt waren, plötzlich die Wahl zwischen Cantaloupe-Melone mit Krebsschwänzen oder Kaltem Rheinlachs mit Salaten garniert auf Zarinnenart.

Zu den Stammgästen an den Kempi-Tischen zählten bald Beamte aus den nahegelegenen Ministerien, Politiker, Industrielle, Theaterleute, aber auch der Schutzmann von nebenan, der seine Verlobte ausführte. Das Kempinski bekam den Beinamen »Volksküche für die bess're Welt«. Und wurde im Lied »Bei Kempinski« verewigt:

»Hat der Berliner sechs Mark fünfzig
Und geht mit einer Dame aus,
So nimmt er davon fünfzig Pfennig
Und kauft ihr einen Blumenstrauß.
Ganz überrascht sagt sie ›Ich danke!‹
Denn sie ist nicht verwöhnt darin,
Dann führt er sie mit Rothschild-Miene
Zum Restaurant Kempinski hin.
Denn erstens ist es da sehr billig,
Und zweitens ist das Essen schön,
Und drittens sieht man auch Bekannte,
Und viertens wird man da geseh'n.«

KEINE ZEIT!

Schon sooo spät? Der wahre Berliner verweilt niemals länger als eine Stunde auf Parties

Berliner sind immer in Eile. Entweder müssen sie Buletten holen, schnell zum Arzt, zum Zug, zu einem dringenden Termin oder den Hund Gassi führen. Nicht, daß es nicht wahrhaft wichtige Termine gäbe. Doch wie oft hat man wirklich Verabredungen mit einem Nobelpreisträger, der gleich weiter zur nächsten Preisverleihung muß? Oder mit anderen, ähnlich wichtigen Menschen, die nur für wenige Stunden in der Stadt weilen? Oder demnächst mit hoher Wahrscheinlichkeit ins Koma fallen?

Je länger er hier lebt, desto mehr Übung hat er im Geschäftigsein. Es gilt ja schließlich, große Dinge zu bewegen. Eine Hauptstadt läßt sich nicht im Dorftempo aufbauen, das wird doch – bitte sehr – jeder Depp aus dem Hinterland verstehen. Wenn alles so langsam ginge wie im Rest des Landes, könnte man sich auch gut aufs Dorf zurückziehen und seine Schlüsse aus den vorbeiziehenden Wolken ziehen. Oder den Kühen beim Wiederkäuen zuschauen, die Ergebnisse der nächsten Kartoffelernte prophezeien oder

> **Schritt 31: Als Hauptstädter haben Sie immer etwas vor! Fest steht – kein Bundesbürger tut so geschäftig wie der Berliner.**

die Regentropfen zählen. Aber gerade deshalb sucht man doch sein Wohl in der großen Stadt! Sie sind ja nicht nach Berlin gekommen, um in Lethargie zu verfallen, sondern um Ihre gesammelten Aufbaukräfte zur Verfügung zu stellen. Der Umzug von Wanne-Eickel nach Neukölln war schließlich nicht billig, das kann doch nicht umsonst gewesen sein. Wer Erfolg haben will, muß sich beeilen, die Nase immer vorne haben.

Das große Vorbild des Neuberliners muß in diesem Fall der New Yorker sein – der Bewohner der geschäftigsten Stadt der Welt. Dort wurde der Streß erfunden und zu seiner Höchstform entwickelt (wie viele Langsame auf der Strecke blieben, ist bislang unbekannt. Noch hatte niemand Zeit, das zu erforschen). In New York wird Sie nur ein eben aus der psychiatrischen Klinik Entlassener ernsthaft länger als eine halbe Stunde aufhalten. Time is money. Man trifft dort sehr selten Leute, die wirklich Zeit haben. Wirklich.

Verglichen mit New Yorkern hat der Berliner den Begriff »Zeit« bislang noch nicht einmal ansatzweise verstanden. Oder wie sonst wollen Sie beispielsweise erklären, daß man an der Spree sein Frühstück immer noch zu Hause (!) einnimmt? Gefrühstückt wird in New York in der U-Bahn, auf dem Weg ins Büro (wozu wurde die Rolltreppe erfunden?). Lunch ist etwas für Faule, und abends ißt man sowieso nichts, weil die Lebensmittel zu viel Cholesterin oder gar Fett enthalten könnten. Wer durch die Straßen schlendert, lebt entweder von der Wohlfahrt oder hat gerade im Lotto gewonnen und will den Rest der Stadt durch seine Langsamkeit provozieren. Wer im Strom der Menschen in Manhattan mitten auf dem Gehweg stehenbleibt – etwa um das Stadtbild zu betrachten, das man zu Hause in dieser Form ja zumeist nicht hat –, erntet im besten Fall verständnislose Blicke. Ist man Ihnen freundlich gesonnen und sehen Sie halbwegs intellektuell aus, werden Sie vielleicht für einen Wissenschaftler gehalten, der gerade in Gedanken die Straßenlänge der 5th Avenue ausmißt und sie im Geiste mit den Maßen der Pyramiden von Gizeh vergleicht. Ja, auch das muß erledigt werden.

So zu werden, danach strebt der eifrige Berliner. Auf Parties verweilt der geübte Großstädter deshalb niemals länger als eine Stunde. Als einzige Ausnahmen können vorübergehende Obdachlosigkeit, Verlust der Wohnungsschlüssel und/oder des Gedächtnisses gelten. Selbst wenn Sie nichts mehr vorhaben, geben Sie das niemals, niemals zu! Ähnlich peinlich wäre wohl nur noch, Flugblätter zu verteilen, auf denen Ihr Kontostand nachzulesen ist oder auf denen Sie Ihre bisherigen Pilzerkrankungen aufgelistet haben.

> **Schritt 32: Schon sooo spät! Nach etwa 50 Minuten Anwesenheit wagt man den ersten, demonstrativen Blick auf die Uhr.**

Um sodann ein erschrockenes »Was, schon so spät?« auszurufen. Jetzt stimmen bestimmt fünf Partygäste in den Ich-hab-noch-was-vor-Chor ein. Eine gute Gelegenheit, sich elegant zu verabschieden. Sie finden es unhöflich, so schnell wieder zu gehen? Sie haben die hauptstädtischen Partyregeln doch nicht aufgestellt! Sie finden, es ist uncharmant, weil der Gastgeber sich schließlich Mühe gegeben hat? Er wird ihren Abgang entweder gar nicht bemerken (er hat nämlich logischerweise keine Zeit), oder er wird es insgeheim schätzen, daß auf diese Weise der Wein länger reicht.

Berlin, die Hauptstadt der Wichtigen?

Glücklich ist, wer vergißt – wo er herkommt

Zuhause ist, wo die Menschen gut zu Dir sind. Noch besser sind sie aber zu Dir, wenn sie glauben, daß Du nicht nur gut, sondern auch wichtig bist. Die daraus resultierende Frage muß deshalb lauten: Wie werde ich wichtiger als der Rest der Stadt?

Berlin hat keine Gesellschaft – sagen die Hamburger und wenden sich pikiert ab. Nur in München gibt's eine richtige Society, sagen die Bayern und beißen demonstrativ in eine Weißwurst. Um nach dem fünften Kir Royal dann doch von den hemmungslosen Hauptstadt-Parties zu träumen, von denen man sich im Süden der Republik erzählt.

In keiner Stadt der Welt ist es so einfach wie in Berlin, ein Mitglied der Gesellschaft zu werden. Man muß nicht fünf Jahrhunderte langweilige Familientradition vorweisen können, um »dazuzugehören«. Man braucht weder Geld noch Geist. Wirklich. Man muß in Berlin nur den Eindruck erwecken, daß man genau der/diejenige ist, auf den/die diese Stadt immer schon gewartet hat.

So einfach geht's: Gleich nach der Ankunft deponieren Sie Ihren Koffer in einem Schließfach Ihres Vertrauens und begeben sich auf die Party, bei der Sie sich unter Angabe des Büros eines Bundestagsabgeordneten oder eines Großunternehmers eingeschlichen haben. Kein Mensch wird kontrollieren, ob Sie tatsächlich im Bundestag oder im Supermarkt arbeiten. Jetzt kommt dem Volk die schlechte PR-Arbeit seiner Vertreter zugute: Der Durchschnittsmensch kennt bestenfalls ein Dutzend Politiker, wer wird am Einlaß also ernsthaft zugeben, daß er Klaus-Dieter Bullerbü aus dem Wahlkreis Cottbus nicht kennt? Eben.

Ein gutes Sakko oder ein elegantes Kostüm sollte man schon haben. Die erste, erschwindelte Einladung ist der Beginn eines wunderbaren Freibier-Karussells. Auf der ersten Party versuchen Sie, in kürzester Zeit so viele Menschen wie nur möglich kennenzulernen. In Berlin hält Sie darob gewiß niemand für aufdringlich. Im Gegenteil. Man freut sich über jeden, der neu in der Stadt ist. Vielleicht finden Sie auf diesem Weg sogar eine Wohnung, einen Arbeitsplatz, ein Auto, einen Hund, einen Mann.

Ist diese erste Hürde genommen, gehören Sie gleichermaßen schon zur Gesellschaft. Auch wenn Ihr Name nicht gleich in den Gesellschaftsspalten der Tageszeitungen erscheinen wird. Mit ein wenig Glück und Geschick schaffen Sie das aber auch.

So wie das Partygirl Ariane Sommer zum Beispiel, das durch blondes Haar und tiefes Decolleté besticht. Sie betont zwar stets zu studieren, aber das interessiert nachts um zwei in der Hauptstadt nun wirklich niemanden. Auch daß sie ein Buch über gutes Benehmen geschrieben hat, geht nach dem fünften Drink im Gespräch mit ihr ruhig auch mal als Witz durch. Ihre Aktien sind gefallen, seit selbst das Magazin »Max« ihre mäßig interessanten Gesellschaftsgeschichten nicht mehr druckt. Das versucht sie durch noch tiefere Decolletés wettzumachen.

Als Rolf Eden im Sommer 2002 nach 34 Jahren seine Discothek »Big Eden« am Kurfürstendamm zum Verkauf anbot, war das der Boulevardzeitung »BZ« eine Schlagzeile wert. »Mensch, Rolf, warum nur Schluß mit

Eden?«, titelte das Blatt in einer Mischung aus Mitleid und Vorwurf. Immerhin, Berlins Playboy vom Dienst war mittlerweile 72 Jahre alt, auch wenn man es ihm dank tapferem Dauer-Lifting nicht ansieht. »Wenn man mir 1,5 Millionen Euro auf den Tisch legt, bin ich weg«, verkündete Eden seinem verblüfften Publikum. Falk Walter, unter anderem Besitzer der Treptower Arena, hat's getan. Naja, vielleicht war's nicht ganz so viel. Aber was nun? Rolf Eden gehört zur Berliner Gesellschaft wie Käpt'n Blaubärs Stimme, Wolfgang Völz.

Who is who – und wozu?

Berlins Prominentenszene ist nur schwer zu durchschauen. Es sind glücklicherweise nur wenige klassische Schicki-Mickis zu finden, wie man sie in München in jeder durchschnittlichen Eckkneipe antrifft. Dafür gibt es eine besondere Kategorie Menschen, die beim Anblick einer Kamera in ein maskenartiges Lächeln fallen und Unbeteiligte erbarmungslos von der Bildfläche drängen. Frauen dieser Kategorie greifen vorwiegend (blind?) zu grellgrünen, grellgelben oder pinkfarbenen Kostümen. Wichtig ist: Sie dürfen nicht mehr als 100 Euro wert sein.

Die Haut ist unerbittlich sonnenstudiogebräunt und entsprechend gegerbt. Von diesem Elend lenkt meist ein ebenso großflächiges wie stümperhaftes Augen-Make up ab. Der Schmuck ist ebenso groß wie falsch. Die dazugehörigen Männer erkennt man an den weißen Socken, schlechten Schuhen und dem noch schlechteren Benehmen.

Wie wird man prominent?

Man kann einen Hubschrauber mieten und nachts nackt im Tiergarten abspringen. Mutigere oder Verzweifeltere wählen den Potsdamer Platz. Mit etwas Glück torkelt gerade ein betrunkener Boulevardfotograf auf dem Heimweg vorbei, greift in Trance zur Kamera und drückt ab (Fotografen seriöser Blätter werden elegant über Ihr nächtliches Elend hinwegsehen). Die Fotos werden unscharf sein.

Mit etwas Glück landen Sie auf diese Weise einmal auf Seite 1, vielleicht auch auf Seite 8 eines Boulevardblattes. Das ist der einfache Weg. Anschließend verschwinden Sie wieder in der Versenkung, wo Sie hergekommen sind und wo Sie vermutlich auch hingehören. Und Sie sind bei genauer Betrachtung keinen Schritt weiter. Deshalb erfordert die Erlangung eines gewissen Bekanntheitsgrades genaue Planung – auch wenn es niemals, niemals danach aussehen darf. Das ist der schwierige Weg.

Grundregeln für angehende Prominente:

1. Die Faustregel ist banal: Was Ihnen an sich peinlich wäre, ist genau richtig, um in die Schlagzeilen zu kommen. Überwinden Sie Ihr Schamgefühl – sonst sind andere schneller. Zum Einstimmen ideal ist der Genuß aller sechs Folgen von »Kir Royal«: Die von Patrick Süskind und Helmut Dietl kreierte Fernsehserie aus den 80er Jahren karikiert zwar die Exaltiertheit der Münchner Gesellschaft, wurde aber längst von der Realität eingeholt. Damit können Sie lernen, wann der Zeitpunkt gekommen ist, auf dem Tisch zu tanzen.

2. Geben Sie den Ehrgeiz auf, besonders intelligent wirken zu wollen. Ihr Doktortitel interessiert niemanden, Ihre Krankheiten hingegen jeden brennend. Erzählen Sie zum Beispiel, daß der Taxifahrer mit den im Wagen vergessenen dritten Zähnen abgehauen ist. Eine Fernsehmoderatorin hatte Erfolg damit.

3. Wenn Sie wissen, wo Ihre Vorzüge liegen, wird sich Ihre Strategie entscheidend verbessern: Je weniger Sie zu erzählen haben, desto tiefer muß Ihr Dekolleté sein. Männer krempeln die Ärmel hoch und präsentieren ihre Rolex.

4. Seien Sie vorab sorgfältig bei der Wahl Ihrer Unterwäsche: Denn wenn alles nichts hilft, können Sie sich immer noch ausziehen und fotografieren lassen (achten Sie dabei auf vorteilhaftes Licht, oder wollen Sie, daß die ganze Stadt über Sie lacht?).

5. Mieten Sie sich einen Bodyguard. Darauf fällt auch der dümmste Partygast rein: Jeder wird fragen, wer die wichtige Person (Sie!) ist.

6. Kommandieren Sie auf Empfängen möglichst lautstark das Personal herum. Mokieren Sie sich über die billige Weinsorte (das ist in Berlin gar nicht schwer!) und bestellen Sie lautstark Champagner. Den lassen Sie

erst mal zurückgehen, weil er nicht die optimale Temperatur hat. Kellner und Gäste werden Sie gleichermaßen auf der nächsten Party wiedererkennen.

7. »Sie kennen mich wirklich nicht?« ist – mit dem nötigen Nachdruck gesagt – ein Zauberwort bei der Einlaßkontrolle. Helfen Sie mit beim Durchforsten der Gästeliste, suchen Sie sich einen hübschen Namen (möglichst nicht Wowereit oder von Praunheim) und rufen Sie triumphierend aus: »Na bitte – da steh' ich ja!« Und schon sind Sie drin.

8. Wenn Sie zu zweit unterwegs sind, können Sie immer behaupten, daß Ihr Begleiter/Ihre Begleiterin schon im Festsaal ist und daß er/sie leider, leider die Eintrittskarten dabei hat.

9. Zaubermittel Kamera. Winken Sie mit einer Kamera, machen Sie ein engagiertes Gesicht und tun Sie so, als würden Sie einem Gast nachlaufen, der schon im Partygewimmel verschwunden ist. Oder schließen Sie sich einem öffentlich-rechtlichen Fernsehteam an. Würdigen Sie das Personal am Eingang keines Blickes, sondern tun Sie so, als müßten Sie ein Kabel tragen, ohne das der gesamte öffentlich-rechtliche Fernsehfunk auf der Stelle zusammenbrechen würde. Niemand möchte daran schuld sein – niemand wird Sie aufhalten.

10. Denken Sie sich einen Beruf aus, bei dem 99 Prozent der Partygäste ins Grübeln kommen. Da keiner seine Unwissenheit eingestehen möchte, werden Sie alle mit Hochachtung als Koryphäe behandeln. Üben Sie vorher 20 Fremdwörter ein. Auf Visitenkarten liest sich besonders geheimnisvoll der Beruf des Geodäten (Landvermesser). Auch was ein Mediävist ist, wissen wenige (Erforscher des Mittelalters).

Man kann nicht alle kennen ...

Empfehlenswerte und weniger empfehlenswerte Berliner Bekanntschaften

In einer Dreieinhalb-Millionen-Stadt wie Berlin kann man nicht alle kennen. Man muß auch nicht alle kennen. Bei manchen empfiehlt es sich sogar, sie nicht zu kennen.

Menschen, die es geschafft haben

Roland Mary
Sie haben Hunger, können Döner nicht mehr sehen und hätten gerne ein Glas guten Weines, gerne auch Champagner? Und dann legen Sie noch Wert auf Atmosphäre? Für Neuberliner ein ziemlich unbescheidenes Unterfangen. Aber bitte: Man findet diesen Ort in der Französischen Straße, unweit des Gendarmenmarktes. Im Jahre 1853 wurde das Haus Nummer 47 eröffnet; damals war es die bedeutendste Wein- und Delikatessenhandlung der Stadt, später wurde sie um ein Restaurant erweitert. Der Kronprinz, die Hochfinanz und der Adel, sie alle speisten hier. Damals wie heute: Man kommt, um zu sehen und um gesehen zu werden. In der Chronik des Hauses ist ein Seufzer von Damen der Gesellschaft nachzulesen, losgelassen nach einer mißglückten Theaterpremiere: »Wie furchtbar – laßt uns lieber zu ›Borchardt‹ gehen und Champagner und Kaviar genießen.« Auch heute ist das Restaurant eine nächtliche Oase für Theater- und Konzertbesucher. Zu DDR-Zeiten logierte hier ein Fischlokal, das mangels Qualität nicht lange zu Tisch und Fisch bat. Alsdann eröffnete eine Discothek, später eine Kantine für Bauarbeiter. Nach der Wende wurde der prächtige Säulensaal gründlich renoviert. Und siehe da, man fand eine Göttin aus dem Jahre 1879. Heute lächelt sie, die »Göttin der Jugend«, gütig in Form eines Mosaiks über der Bar auf die Gäste herab. Stuckdecke, alter Fliesenboden, Marmorsäulen – schöner geht es kaum.

Shawne Borer-Fielding
Das Lebensmotto der blonden Texanerin ist »Stand By Your Man«. Das mußte auch Djamila Rowe einsehen, von der wir bis heute nicht genau wissen, warum genau sie es in die Schlagzeilen geschafft hat. Als vermeintliche Geliebte von Herrn Borer, dem damaligen Schweizer Bot-

schafter in Berlin, ging die Kaufhausvisagistin in die Mediengeschichte ein. Gattin Shawne war die erste, die es nicht glaubte. Schwamm drüber! Wo Shawne ist (mittlerweile in Potsdam), ist Glamour. Und ein schulterfreies Couture-Abendkleid nebst Diamantencollier paßt eigentlich immer, auch tagsüber. In Berlin ist man ja ohnehin leicht overdressed.

Isa Gräfin von Hardenberg
Society-Ladies gibt es viele. Aber es gibt nur wenige, die Adel, Können und das richtige Telefonbuch vereinen. Flattert eine Einladung aus dem Hause der Gräfin ins Haus, darf man sicher sein, daß sie ohne Rechtschreibfehler, auf feinstes Papier kalligraphiert, sein wird (das ist in Berlin keine Selbstverständlichkeit!) Als Grundregel gilt: Einladungen mit mehr als drei Rechtschreibfehlern sollte man auf keinen Fall Folge leisten, denn wer so schreibt wie er feiert ...). Und daß der Abend mit Sicherheit schon vorab als gelungen betrachtet werden kann. Für die, die nach Berlin umziehen »müssen«, ist die Gräfin ebenfalls hilfreicher, wenn auch nicht kostenlos tätiger guter Geist: Sie hilft bei der Suche nach der standesgemäßen Unterkunft, weiß von Firmen, die die Rokokomöbel besonders liebevoll transportieren – und sorgt vor Ort für die richtigen Bekanntschaften. Damit man unter sich ist.

Udo Walz
Haareschneiden ist auch eine Kunst. Läßt er sich fotografieren, dann ausschließlich in Denkerpose, die Hand stützt das Kinn, der Blick ist in unendliche Fernen (die Zukunft des Friseurwesens?) gerichtet. Wer sich mit Udo anfreundet, dem ist die Gunst des Klatschgewerbes sicher. Auch wenn man dann damit rechnen muß, dieselbe Frisur verpaßt zu bekommen wie blondierte Fernsehmoderatorinnen. Walz ist Coiffeur und Buchautor (»Waschen-schneiden-leben«), Herausgeber des Magazins »Udo«, kreierte eine eigene Haarkosmetiklinie, ist Hundehalter und dekoriert gerne seine Dachgeschoßwohnung um.

Peter Raue
Einerseits Rechtsanwalt, andererseits aufs höchste von den bildenden Künsten beflügelt. Hat das Kunststück vollbracht, seit 25 Jahren Vorsitzender im Förderkreis der »Freunde der Nationalgalerie« zu sein. Und er hat den Ankauf von Otto Dix' »Skatspieler« durch ein glanzvolles Benefiz-Skatturnier erst möglich gemacht. Hat er ein bißchen Zeit, schwingt er

gern einmal den Auktionshammer. Mißlungen ist ihm eigentlich nur eines: als Rechtsvertreter der einjährigen Philine Bartsch von Bismarck die 97er Love Parade wegen Lärmbelästigung verhindern zu wollen.

Jean K. van Daalen
Sieht viel, hört viel und behält alles für sich. Das muß er auch, denn er ist Hoteldirektor im Adlon am Pariser Platz. Geboren wurde er in Rom, sein Vater war Filmproduzent, seine Mutter »waschechte Berlinerin«. Er besuchte in Rom die deutsche Schule, machte anschließend ein Praktikum im Hotel Hilton. Asien, Amerika, Wiesbaden, Berlin waren seine wichtigsten beruflichen Stationen. Vierzehn-Stunden-Tage sowie kleine und große Katastrophen gehören zu seinem Alltag.

Artur »Atze« Brauner
Filmproduzent mit Stakkato-Charme (»Mit Ihnen muß ich auch noch ein Glas Champagner trrrrinken ...«). Er fehlt auf keinem Empfang und ist unermüdlich am Geschäftemachen – wenn er nicht gerade flirtet. Seine überaus charmante Ehefrau Maria, mit der er seit 50 Jahren verheiratet ist, sieht gelassen darüber hinweg. Artur Brauner wurde in Lodz geboren, nach dem Zweiten Weltkrieg, den er mit seiner Familie in deutschen Konzentrationslagern in Ostpolen überlebte, kam er Mitte der 40er Jahre nach Berlin. Hier finanzierte er das erste deutsche Nachkriegs-Lustspiel »Sag' die Wahrheit«. 1946 gründete Atze Brauner die Central Cinema Company (CCC Film). Dort wurden etwa »Der Tiger von Eschnapur«, »Der brave Soldat Schwejk« mit Heinz Rühmann, etliche Edgar-Wallace- und viele Karl-May-Filme gedreht. In den 80er Jahren konzentrierte sich Atze Brauner auf politische und sozial-kritische Themen, produzierte unter anderem »Die Weiße Rose« und »Die Spaziergängerin von Sanssouci«. 1992 wurde sein Film »Hitlerjunge Salomon« für den Oscar nominiert (Kategorie: bestes Drehbuch) – einer seiner größten beruflichen Erfolge.

Wolfgang Menge
Der Berliner Autor wurde bekannt mit diversen Fernsehserien, darunter »Ein Herz und eine Seele«. Zwischen alle Fronten geriet er 1993 mit der ARD-Fernsehserie »Motzki«, eine bissige Satire auf Ossis und Wessis. Die Serie entfachte wochenlang erbitterte Diskussionen – dabei hatte der Autor nur ein wenig schwarzen Humor spielen lassen.

Jocelyn B. Smith
Wäre sie in Queens, New York geblieben – wer weiß, vielleicht wäre sie heute Chorsängerin bei den Platters. So aber ist die damals 23jährige Jocelyn B. Smith 1984 in Berlin hängengeblieben – und singt seitdem den Soul in dieser Stadt, unermüdlich und mit wachsender Hörerschaft, mal rockiger, mal jazziger, je nach Begleitung. Meistens im »Quasimodo« – mindestens einmal im Monat –, manchmal aber auch im Garten des Bundespräsidenten oder auf dem Soundtrack vom »König der Löwen«. Ein Star ist die schwarze Amerikanerin, die auch Blackfoot- und Cherokee-Indianer zu ihren Vorfahren zählt, damit nicht geworden. Eher ein Markenzeichen Berlins. »You know, I'm a bit spießig, dear«, hat sie im »Tagesspiegel« mal gesagt. Sie schätze ihr ruhiges Leben in Berlin sowie »alle Sorten von Haxen«. Und ihren Hund. Der heißt, nach einer großen Kollegin, Chaka Khan.

Max Raabe
Er ist staatlich geprüfter Opernsänger, wird aber »Der Mann mit der Schellackstimme« oder »Das fleischgewordene Trichtergrammophon« genannt. Max Raabe trägt mit seinem Palastorchester die frivolen, anspielungsreichen, gewitzten Schlager vor, wie sie noch in der Weimarer Republik beliebt waren. Er gibt sie mit einem Konsonanten-Schnarren und verhaltenem Knödeln, so daß es seine Professoren aus Studienzeiten vermutlich grausen würde, aber er tut es seit 1986 mit großem Erfolg. Seine selbstkomponierten Titel »Kein Schwein ruft mich an« kennen auch die Japaner. Raabes Hang zum korrekten Verhalten dürfte ihnen auch recht angenehm sein: Er kleidet sich stilgerecht im Frack, privat sieht man ihn auch mal in Knickerbockern (wenn er seinen Käfer Cabrio ausfährt) – und das Exaltierteste, was von ihm auf der Bühne erwartet werden kann, ist das Heben der linken Augenbraue.

Anne Maria Jagdfeld
Sie hat fünf Söhne und unterstützt ihren Mann beruflich. Das klingt noch nicht so doll – aber als Gatte Anno August Jagdfeld mit seiner Fundus-Gruppe das weiß-schwarz rautierte Quartier 206 an der Friedrichstraße erbaut hatte und so schnell keine Mieter fand, da fungierte es Anne Maria Jagdfeld schnurstracks um zum »Departmentstore«. Kurz gesagt, wird dort angeboten, was Moderedakteurinnen lieben, manchmal verweist das aktuelle Interior-Arrangement auch darauf, daß Jagdfeld noch Kapi-

talanleger für den Wiederaufbau der weißen Villen von Heiligendamm an der Ostsee sucht. Die Fundus-Gruppe hat außerdem den Wiederaufbau des Adlon besorgt, und in einem Anbau, dem Adlon-Palais, möchte Anna Maria Jagdfeld einen »classy Zugang zum neuen Berlin« gewähren. Für 10.000 Euro Aufnahmegebühr und 1.500 Euro Jahresbeitrag kann ein jeder Mitglied ihres »China Club« werden.

Michel Würthle

Als Wirt der »Paris Bar« guckt er Wolfgang Joop, Claudia Schiffer, Boris Becker usw. beim abendlichen Socializing zu. Meistens kommen später auch noch Udo Walz und Sabine Christiansen vorbei. Die »Paris Bar« gilt jetzt schon so lange als Speakeasy der Berliner Gesellschaft, daß sie automatisch in jeden Reiseführer aufgenommen wird. Erstbesucher grämen sich über die harsche Behandlung, denn gute Tische werden natürlich für jemand Wichtigeres aufgehoben als man selbst es ist ... Würthle jedenfalls macht in Kunst, wenn es ihm hier mal wieder zu viel Leben war. Ein Stammgast und Freund, der verstorbene Künstler Martin Kippenberger, hat den selbsternannten »Schnellpsychologen« wieder zum Malen, Zeichnen und Schreiben ermutigt, was Würthle für eine »manchmal schmerzvolle Arbeit der Sublimation« hält. Aber man ist wenigstens allein dabei.

Dr. Motte

Das Märchen, das wahr ist, kennt jeder Berliner unter 50: Es handelt von dem Betonbauer und Clubbesitzer Matthias Roeingh, der Berlin »Friede, Freude, Eierkuchen« bringen wollte und dafür im Sommer 1989 eine Demonstration anmeldete. 150 Teilnehmer liefen tanzend hinter einem lautsprecherbestückten Lastwagen über den Kurfürstendamm, bis zum Ende des Jahrtausends sollten dann bis zu 1 Million Menschen an der Love Parade teilnehmen, die deswegen längst an der Straße des 17. Juni stattfindet. Ihr Erfinder legt dazu unter seinem DJ-Namen Dr. Motte auf, denkt sich jedes Jahr ein anderes Motto aus und erklärt es bei der Abschlußkundgebung in kryptischen Sätzen. Dann tutet er meist noch in ein Muschelhorn und segnet die strapazierte Flora des Tiergartens.

Corinna Harfouch

Es ist zwar übertrieben, Frau Harfouch mit Marlene Dietrich gleichzusetzen, aber Parallelen gibt es durchaus, nicht nur der Beruf der Schauspielerin und das Mißfallen an der eigenen Nase. Beide verbindet vor allem ein sonderbares Verhältnis zu ihrem Fixstern Berlin. Tauchen sie anderswo auf Festen auf und scheinen sich zu amüsieren, so ist's dieser Stadt nicht recht. (Und dem jeweiligen Mann an Harfouchs/Dietrichs Seite sowieso nicht.) Spielen sie aber auf den hiesigen Bühnen, gibt es eigentlich auch immer etwas zu meckern. Corinna Harfouch war in Inszenierungen von der Volksbühne bis zur Bar jeder Vernunft engagiert – aber im Kino machte sie den ungleich größeren Eindruck. So nah und doch so fern ist wohl die Ideal-Kombination.

Günter Jauch
Wo er ist, ist Potsdam. Seit der Fernsehmoderator in dieser Stadt wohnt, macht er unermüdlich Reklame für sie. Geboren in Münster, aufgewachsen in Berlin, hat Deutschlands beharrlichster Fragensteller vor den Toren der Hauptstadt sein Paradies gefunden. Eine Umfrage ergab, daß Deutsche ihm so ziemlich jeden Werbespruch glauben würden – und von ihm beworbene Autos, Reisen, Handys und sogar Babynahrung erwerben würden. Nur eines kaufen wir ihm nicht ab: Aber unter den Langen Kerls wäre er mit nur 1,90 Meter Körpergröße einer der Kleinsten.

Namen, die man garantiert trifft und bei denen Vorsicht geboten ist:

Hacki Ginda
Komödiantisches Epizentrum des Varietés »Chamäleon« mit seltsamer Obsession: Reißt sich die Brusthaare aus. Einzeln. Findet man so ein männliches Exemplar plötzlich in seinem Schlafzimmer, dann ist die Wirkung vermutlich eher verwirrend denn erotisierend. Hacki hingegen zelebriert diese Selbstverstümmelung regelmäßig auf offener Bühne. Wir geben zu, daß wir das beim ersten Mal schon irgendwie komisch fanden. Aber er macht es jetzt schon seit Jahren. Und mittlerweile stellen sich zwei Fragen:
1. Warum tut der Mann das?
2. Wann gehen ihm endlich die Brusthaare aus?

Désirée Nick
Diseuse ohne Stimme, dafür gesegnet mit fast schon einzigartiger Boshaftigkeit. Die Pointen der »umjubelten Vorzeige-Blondine« (verkürzte Selbsteinschätzung) zielen unter die Gürtellinie; zu eintönig wird ihr das

nie. Wer schon bei dem Programmtitel »Hollywud, ick komme« in pubertärer Manier Zweideutiges wittert, wird sich vermutlich herrlich amüsieren. Alle anderen – und das bei einem gestandenen Großstadtpublikum! – werden rot. Letztlich fatal ist, daß die Nick zwar über einen einzigartigen Lebenslauf (ausgebildete Ballettänzerin, zu lang geworden, wegen Unterkunftsbedarf Umschulung zur Religionslehrerin, dann der glamouröse Aufstieg zum unartigen Star ...) gebietet, aber nie mit ein bißchen Ironie darüber hinwegzutäuschen vermag, daß sie sich selbst so ganz besonders toll findet.

Rolf Eden

Dieses ewige, ewiggleiche Lachen ... Lacht er, weil das Leben so schön ist oder weil die Haut mittlerweile so gestrafft ist, daß das Skalpell ein Dauerlächeln in sein Gesicht gefräst hat? Gut, wir hätten ihm das zugestanden. Wenn man aufs Großvateralter zugeht, eine Disco besitzt und junge Frauen gar so gerne hat, stört eben jedes Fältchen. Aber daß er sich jetzt auch noch die Haare blondieren läßt, ist dann doch des Guten zuviel. Die Farbe ist so wie Vanillepuddingpulver, wenn man es in die Milch schüttet (nach dem Kochen, so wissen erfahrene Hausfrauen, wird die Farbe wieder heller). Schön ist es nicht. Aber er gleicht alles durch sein Lächeln wieder aus. Und zumindest eines finden wir sympathisch an ihm: Daß er mit einem Mini Cooper zur Garage fährt, um seinen Rolls Royce zu holen.

René Koch

Der Visagist hat das Rolf-Eden-Syndrom. Benutzen die beiden dieselbe Haarfarben-Nummer? Oder ist es Zufall, daß beide älteren Herren so gern in jugendlichem Blond erscheinen?

Dracula

Ottomar Rodolphe Vlad Dracula Prinz Kretzulesco war einst Antiquitätenhändler und hieß Ottmar Berbig. Vor 22 Jahren trat eine Kundin in seinen Laden, die auf der Suche nach einem Nachfahren war. Und wo, wenn nicht in Berlin sucht man als Mitglied der Dracula-Familie nach einem Erben. Ecaterina Olimpia Kretzulesco adoptierte Ottmar Berbig. Der kaufte sich in Schenkendorf (Brandenburg) ein Schloß mit 46 Zimmern und rief im März 2002 ein Fürstentum aus – Protest gegen die vom Innenministerium geplante Gemeindereform. Das Fürstentum wehrte sich so gegen den Zusammenschluß mehrerer kleiner Gemeinden zu einer großen.

Kretzulesco ließ Pässe drucken, Autokennzeichen mit weißer Schrift auf blauem Grund, es gibt ein Wappen und den Plan, sich von Rumänien, der Heimat Draculas, zum exterritorialen Gebiet erklären zu lassen. In Berlin wäre der Mann mit diesen Plänen nie durchgekommen.

Menschen, die man leider nicht mehr treffen kann

Anton Kuh
Er war lustig, aber immer pleite. Das trug ihm den nicht schönen, aber ehrlichen Titel »Der letzte Schnorrer« ein. Der gebürtige Wiener lebte – mangels Geld – anfangs hauptsächlich in Kaffeehäusern. Im »Romanischen Café« war er beispielsweise in den 20er Jahren häufig anzutreffen. Man erkannte den Dichter und Bohemien an seinem Monokel, seine Texte am schwarzen Humor. Seine Maxime lautete: »Die wenigsten wissen, daß auch das Nichtschreiben die Frucht langer und mühseliger Arbeit ist.« Deshalb schrieb er des Gelderwerbs wegen nur, wenn es sich nicht vermeiden ließ. Zum Beispiel Wissenswertes zum Thema Hut: »Ich bin immer gegen Hüte gewesen, denn sie versperren die Gehirne auch äußerlich und gewöhnen sie an Bedeckung statt an Luft.« Den damaligen Direktor des Hotels Adlon überredete Anton Kuh zu einem einmaligen Gegengeschäft: Da er so gerne im Fünf-Sterne-Haus wohnen wollte, ihm aber das nötige Kleingeld (s.o.) fehlte, bezahlte er sein Zimmer in Form von Anekdoten, die er an der Hotelbar zum besten gab. Anton Kuh starb am 18. Januar 1941 nach einem Herzinfarkt in New York.

Gottfried Schadow
Beim Hofbildhauer Antoine Tassaert lernte der junge Schadow Zeichnen und Modellieren. Eine Liebe wurde ihm zum Verhängnis: Mit 21 Jahren verguckte er sich in die schöne Marianne Devidels, brannte mit ihr nach Wien durch, und seine Karriere als Zeichner war damit vorerst beendet. Schadow landete schließlich in Italien, wo ihn der Ruf des Hofes ereilte. Dort hatte man sich nämlich an den begabten jungen Mann erinnert. Als seine Geliebte 1788 starb, kehrte Schadow im Alter von 25 Jahren nach Berlin zurück. Er übernahm das Amt des Hofbildhauers und ging als Schöpfer der Quadriga am Brandenburger Tor in die Geschichte ein.

Paul Lincke
Er hat heute ein nach ihm benanntes Ufer in Kreuzberg. Und er hat es sich redlich verdient, zum Beispiel mit Melodien wie »Schenk' mir noch ein kleines bißchen Liebe«. Er gilt als »König der Operette«, wurde 1866 in Berlin geboren. Mit 14 ging er nach Wittenberge, um in der Stadtkapelle eine Lehre zu absolvieren. Das Heimweh zog ihn vier Jahre später zurück nach Berlin. Sein Traum war es, Militärmusiker zu werden. 1904 hatte die Operette »Berliner Luft« Premiere, den gleichnamigen Marsch pfeift man auch heute noch gerne. Der Operettenkönig starb am 3. September 1946, kurz vor seinem 80. Geburtstag.

Ernst Reuter
Ging als erster Regierender Bürgermeister von West-Berlin in die Geschichte ein. 1931 wurde er Stadtrat und Leiter der Abteilung Verkehrs- und Versorgungsbetriebe. Im Juni 1947 wurde er zum Oberbürgermeister gewählt, allerdings gegen den Einspruch der sowjetischen Seite (Reuter war entschieden gegen die Vereinigung von SPD und KPD). Nach der Teilung der Stadt wurde er im Dezember 1948 zum Oberbürgermeister von West-Berlin ernannt. Er verteidigte die Demokratie mit bewundernswertem Einsatz. Unvergessen bleibt sein Ausspruch aus der Zeit der Luftbrücke: »Ihr Völker der Welt! Schaut auf diese Stadt!« Ernst Reuter starb am 23. September 1953 in Berlin.

Rahel Varnhagen
Wie ein strahlender Stern zog ihre »geistige Helligkeit« die Dichter und Denker an. Heinrich Heine dankte der Tochter des reichen Berliner Juwelenhändlers Levin nach einem langen Abend in ihrem Hause dafür, »daß Sie mich kranken, bittern, mürrischen, poetischen und unausstehlichen Menschen mit einer Artigkeit und Güte behandelt, die ich gewiß in diesem Leben nicht verdient«. Und er schwärmte von ihr als der »geistreichsten Frau des Universums«. Rahel Varnhagen gilt als Berliner Mit-Erfinderin des derzeit wieder sehr häufig bemühten Phänomens »Salon«, in dem Dichter und Denker ihren Diskurs in kultivierter Umgebung zur Vollendung treiben. 1789 erklärte sie in der Jägerstraße 24 ihre eigene Dachstube erstmals zum Treffpunkt des geistigen Lebens (in diesem Haus befindet sich heute das Restaurant »Vau«). Nach der Heirat mit dem Diplomaten und Schriftsteller Karl August Varnhagen löste sie ihren Salon 1806 auf, da ihr Ehemann versetzt wurde. Als die beiden 1819 nach Ber-

lin zurückkehrten, wurde alles wieder so, wie es schon einmal war – diesmal in der Französischen Straße 20. Grillparzer hat Rahel, faszinierender Mittelpunkt ihrer eigenen Salon-Abende, zwar nicht schmeichelhaft, doch sehr treffend beschrieben: »Nun fing aber die alternde, vielleicht nie hübsche, von Krankheit zusammengekrümmte, etwa einer Fee, um nicht zu sagen Hexe, ähnliche Frau zu sprechen an, und ich war bezaubert (...). Sie sprach und sprach bis gegen Mitternacht, und ich weiß nicht mehr, haben sie mich fortgetrieben, oder ging ich von selbst fort. ich habe nie in meinem Leben besser und interessanter reden gehört«. Am 7. März 1833 starb Rahel Varnhagen in Berlin.

Bertolt Brecht
Schriftsteller, Regisseur – und ein Klassiker der Vernunft: »Das große Karthago führte drei Kriege. Es war noch mächtig nach dem ersten, noch vorhanden nach dem zweiten, nicht mehr auffindbar nach dem dritten.« Am 10. Februar 1898 wurde Brecht in Augsburg geboren, 1922 kam »Trommeln in der Nacht«, das erste Stück, in München zur Aufführung; im selben Jahr erschien sein Drama »Baal«, 1929 wurde die gemeinsam mit Kurt Weill verfaßte »Dreigroschenoper« in Berlin uraufgeführt und mehr als 250 Mal gespielt. Während des Nationalsozialismus emigrierte er zunächst nach Dänemark, dann nach Finnland und schließlich nach Amerika, wo seine reifsten Stücke wie »Mutter Courage und ihre Kinder« oder »Der aufhaltsame Aufstieg des Arturo Ui« entstanden. Mit seiner zweiten Frau, der Schauspielerin Helene Weigel, begründete er 1949 sein eigenes Theater, das »Berliner Ensemble«. Seit 1954 ist es im eigenen Haus am Schiffbauerdamm untergebracht; Streitigkeiten mit den Brecht-Erben machen heute die Wiederaufführung so manchen Stückes schwierig. Am 14. August 1956 starb Brecht an den Folgen eines Herzinfarktes.

Heinrich Zille
»Ganz Berlin schätzt und liebt und achtet ihn. Keiner hat in diesen Landen so wie er das Volk verstanden. Mach so weiter, lieber Meester! Heinrich heeßt er!«, sang Claire Waldoff für ihren verehrten Freund, den Zeichner Heinrich Zille. Beide waren Kinder des »Milljöhs«, nicht im Wohlstand geboren, aber von höchster Lebenslust. Heinrich Zille wurde am 1. Januar 1858 als Sohn mittelloser Eltern in Radeberg (bei Dresden) geboren. Seine ersten Lebenseindrücke waren bescheiden: Man wohnte in einer einfenstrigen Stube. Papa Zille war arbeitslos, Mama Zille war Heimar-

beiterin. Schon mit zehn Jahren trug der begabte Sohn zum Familienunterhalt bei: Er arbeitete als Gepäckträger, Programmverkäufer und Laufbursche. Und er zeichnete für sein Leben gern. Von seinem schwer verdienten Geld investierte er jeden Monat einen Taler, um bei Lehrer Spanner die Kunst des Zeichnens zu erlernen. Später machte er das Hobby zum Beruf, absolvierte eine Lehre als Lithograf. Zehn Jahre arbeitete er in diesem Beruf, dann beschloß er, sich als freier Künstler durchs Leben zu schlagen. Seine erklärten »Lieblingsobjekte« waren Menschen aller Art, Menschen wie du und ich, jene, die wie er nicht immer wußten, wie sie die Miete bezahlen sollten. Rund um den Alexanderplatz, im nahegelegenen Scheunenviertel, in den Hinterhöfen der Berliner Mietskasernen malte mit einer Mischung aus Ehrlichkeit, Liebe und Humor. Seine Lebensphilosophie: »Ich habe immer mit den kleinen Leuten gelebt, die für mich die ›Großen‹ waren.« Man kennt ihn zumeist als Zeichner, sein Talent als Fotograf war aber mindestens genauso groß. Rund 500 Fotos aus seinem Schaffen sind heute noch erhalten – Zeugnisse einer längst vergangenen Welt, in der die Menschen der Hinterhöfe die Hauptpersonen sind. Als er am 9. August 1929 starb, stand auch Claire Waldoff an seinem Sarg: »Er war herrlichstes Berlin, trotzdem er Sachse war.«

Suppenlina

Lina Morgenstern ging als »Suppenlina« in die Berliner Geschichte ein. Wie jede richtige Berlinerin ist sie natürlich nicht in Berlin geboren, sie stammt aus Breslau, ihr Geburtsjahr ist 1830. Als ihr Mann Pleite machte, schrieb sie erste Kinderbücher, um die siebenköpfige Familie zu ernähren. 1859 war die engagierte Frau Mitbegründerin des »Frauenvereins zur Beförderung Fröbelscher Kindergärten«. Wegen destruktiver Tendenzen waren Kindergärten im August 1851 in Berlin verboten worden. 1866 schrieb Lina einen »Aufruf zur Begründung von Volksküchen«. Jedem sollten »ohne Unterschied« Speisen zum Selbstkostenpreis angeboten werden, das war die Idee. Jeder Bedrängte sollte sich laben können, ohne das Essen als beschämendes Almosen zu empfinden. In vier Küchen wurden – über die Stadt verteilt – anfangs täglich rund 1.200 Menschen beköstigt. 1906 erschien Lina Morgensterns »Illustriertes Universal-Kochbuch«: »Wirsingkohl mit Kartoffeln« findet sich ebenso darin wie Rentier, feiner Schwarzbrotpudding, gebackene Kuheuter oder marinierte Bärentatzen. Die muß man dann einige Tage in eine feine Marinade aus Öl, Essig und Gewürz einlegen, bevor sie zwischen Wurzelwerk und

Speckscheiben weichgedünstet werden. Bärentatzen sind in ungefähr sechs Stunden gar.

Kurt Tucholsky
1890 in Moabit zur Welt gekommen – der »Mann mit den 5 PS«, der zugleich Ignaz Wrobel, Peter Panter, Theobald Tiger und Kaspar Hauser war: Mit diesem Multiplikationsfaktor seiner Pseudonyme konnte er sich in allen Genres zuhause fühlen: Glossen, Gedichte, Geschichten schrieb er ebenso wie Chansons, Kabarettprogramme und Artikel für die »Weltbühne«. Bald waren es keine Satiren mehr und kein romantisches Ränkeschmieden wie in »Rheinsberg. Ein Bilderbuch für Verliebte«, sondern eindringliche Warnungen vor dem heraufziehenden Faschismus. »Ein kleiner dicker Berliner wollte mit der Schreibmaschine eine Katastrophe aufhalten«, sagte Erich Kästner dazu, selbst hilflos. 1933 verließ Kurt Tucholsky Berlin – »Ich liebe diese Stadt nicht, der ich mein Bestes verdanke, wir grüßen uns kaum«, und emigrierte nach Schweden, wo er sich am 21. Dezember 1935 das Leben nahm. Im Literaturhaus Fasanenstraße gibt es einen Tucholsky-Gedenkraum.

Karl Friedrich Schinkel
Wenn wir einem Architekten für seine Visionen dankbar sein können, dann ist er es. Denn heute noch sind es die Bauten des 1841 verstorbenen Schinkel, die das Bild der Stadt prägen. Das Alte Museum, die Neue Wache, das Schauspielhaus (heute: Konzerthaus), die Friedrichwerdersche Kirche, Schloß Babelsberg, Schloß Charlottenhof in Sanssouci und die im Krieg zerstörte Bauakademie – damit wurde er zum Baumeister des preußischen Klassizismus. Reisen nach Frankreich und Italien, Studien von Landschaften und Menschen haben den Absolventen der Berliner Bauakademie angeregt zu seiner ganz eigenen Mischung aus Romantik, Antike und Gotik. »Nebenbei« entwarf der zunächst zum Geheimen Oberbauassessor und später zum Oberlandesbaudirektor ernannte Schinkel Möbel, Inneneinrichtungen sowie Schmuck und Bühnenbilder, wie die Dekoration für Mozarts »Zauberflöte«.

Theodor Fontane
Am 30. Dezember 1819 in Neuruppin in der Mark Brandenburg geboren, kann Fontane als leuchtendes Vorbild aller Spätzünder gelten, denn er veröffentlichte seinen ersten Roman »Vor dem Sturm« erst mit knapp 60

Jahren. Wie sein Vater sollte er die Apothekerlaufbahn einschlagen, doch mit 30 schulte er sich zum freien Schriftsteller um. Bewegte Jahre als Journalist folgten, als Kriegsberichterstatter wurde Fontane in Frankreich als Spion inhaftiert und konnte erst durch Bismarcks Eingreifen wieder befreit werden. Mit Werken wie »Frau Jenny Treibel«, »Effi Briest« oder »Der Stechlin« gilt er vielen als der erste Schriftsteller in Deutschland, der einen »großen« Gesellschaftsroman schrieb, wie er zuvor nur in Frankreich, England oder Rußland beheimatet war. Fontane hat, wohl als Ergebnis eines nicht immer glücklich verlaufenen Lebens, seine Figuren als in Konventionen Gefangene gezeichnet – wenngleich nicht zynisch, sondern mit mildem, altersweisen Spott. Zum Renner der Nach-Wendezeit wurden seine »Wanderungen durch die Mark Brandenburg« – liebevolle Reisebeschreibungen einer herb-schönen Landschaft. Fontane starb am 20. September 1898 in Berlin.

Claire Waldoff

»Eine derbe Frau mit rauher Kehle und aggressivem Gemüt: Unter ›Großstadtpflanzen‹ ein Prachtexemplar der Asphalt-Botanik«, schwärmte der Dichter Joseph Roth von Claire (geb. 1884), die ansonsten in Berlin nur »Die dolle Bolle« genannt wurde. Burschikos, großmäulig, frech sang sie in der »Scala« und im »Wintergarten« ihre Lieder – und wurde ganz ohne zarte Zurückhaltung zum Prototyp der modernen Berlinerin. Daß sie eigentlich aus Gelsenkirchen kam, merkte keiner, wenn sie »Nach meine Beene ist ja janz Berlin verrückt« schnodderte. Bis Hermann Göring sich durch ihr unzählige Male vorgetragenes Markenzeichen »Hermann heeßt er« angegriffen fühlte, lief alles nur zu glatt für den »Stern von Berlin« (Rosine sagte sie selbst dazu). Dann folgte das Auftrittsverbot, wohl mitausgelöst durch ihr öffentliches Bekenntnis zur langjährigen Lebensgefährtin Olga von Roeder. 1950 kehrte Claire Waldoff in die Trümmerstadt Berlin zurück und sang: »Berlin, Berlin, dich muß ick ewig lieben;/Berlin, Berlin, du bist mein schönster Reim./Ist mir auch nix auf Erden sonst geblieben, /Du bist mein Lied, nach dir, da zieht's mich heim.« Am 22. Januar 1957 starb sie nach einem Schlaganfall. Ihre Büste steht bis heute vor dem Friedrichstadtpalast.

Lotti Huber

War bis 31. Mai 1998 ein Synonym dafür, daß Älterwerden tierisch Spaß machen kann. Das Wort »Affengeil« (zugleich der Titel ihrer ersten Platte) kam ihr so leicht über die Lippen wie Gleichaltrigen Hämorrhoiden. Wo Lotti Huber auftauchte, stieg die Laune. Sie sang, rezitierte aus ihrem ereignisreichen Leben und schrieb darüber Bücher. Zu erzählen gab es viel: Als junge Tänzerin verliebte sie sich in einen britischen Offizier, der ihr erster Mann wurde. Auf Zypern eröffnete sie ein Hotel mit ihm. Nach der Scheidung 1955 machte Lotti Huber sich mit einem Restaurant selbständig. Der britische Colonel Norman Huber wurde Ehemann Nr. 2 (er starb Anfang der 70er Jahre). Nach einem Gastspiel 1988 in New York stellte die damals 75jährige fest, daß jetzt für sie die kreativen Jahre beginnen würden. Dieses Versprechen löste sie so zielstrebig wie amüsant ein; getreu dem Titel ihres zweiten Buches, das sie wenige Tage vor ihrem Tod fertigstellte: »Drei Schritte vor und keinen zurück«.

Ej, Sie da – passen Sie bloß uff!

Der Untergang der Umgangsformen in drei Meckerphasen

Soviel steht fest: Die Freundlichkeit wurde in Berlin nicht erfunden. Während der wohlerzogene Engländer sich sogar noch entschuldigt, wenn ihm ein anderer auf die Füße getreten ist, können Sie auf solche Höflichkeitsbeweise in Berlin lange hoffen. Warten Sie besser nicht, Sie werden solche Beweise nicht erleben.

Die höfliche Tatsache, daß der Japaner schon bei der Begrüßung lächelnd zum Visitenkärtchen greift, betrachtet der Berliner als reine Geldverschwendung: Wie kann der Mensch wissen, ob er jemanden, den er gerade zehn Sekunden kennt, morgen noch anrufen will?

Schritt 33: Wer ich bin, geht keinen was an! Die Visitenkarte gibt's frühestens zur Verabschiedung. Basta!

Grundsätzlich gilt: Die Umgangsformen sind rauh, manchmal auch herzlich, für Außenstehende jedenfalls höchst undurchsichtig.

In Berlin sind Sie als Anfänger erstmal selbst schuld – an allem, was passiert. Rempelt Sie ein Rüpel, der sich mit einer Geschwindigkeit von 60 km/h (gerne auch mehr) auf dem Fahrrad nähert, müssen Sie sich meist anhören, welch' ein Idiot Sie sind. Selbst wenn der kleine Unfall auf dem Bürgersteig passiert und Radfahrer eigentlich auf die eigens eingerichteten Radwege gehören: Seien Sie jetzt bloß nicht kleinkariert! Oder wollen Sie, daß alle Passanten merken, woher Sie kommen? Zeit für Diskussionen bleibt in solchen Unglücksfällen keine, denn bevor Sie sich der Ungerechtigkeit der Situation bewußt werden, ist der Radfahrer schon längst fluchend über alle Berge. Ob im Supermarkt, an der Tankstelle oder im Blumenladen: Mit Liebe gewählte Worte dürfen Sie hier nicht erwarten. Knallt Ihnen eine Frau im Tütensuppengang den vollen Einkaufswagen ans Schienenbein, folgt meist ein vorwurfsvolles: »Könn' Se nich uffpassen?«

Schritt 34: Die Schuldfrage ist von vornherein geklärt! Denn es gilt ausnahmslos: Schuld ist – egal, was passiert – immer der andere.

Je eher Sie dieses Prinzip begreifen, desto besser ist es (für alle Beteiligten). Beim ersten Zwischenfall ist man noch verwundert, bisweilen entsetzt. Mit ein wenig gutem Willen kann der Neuberliner das in den Griff kriegen. Denn ganz allgemein sind die Umgangsformen in der Hauptstadt selten so, wie man das zu Hause gelernt hat. Mit Höflichkeit hält man sich hierzulande nicht auf. In der Landessprache: Damit gewinnen Sie keinen Blumentopf.

Eine neue Variation der hauptstädtischen Lieblosigkeit ist der Satz »Haben Sie ein Problem mit mir?« Man hört ihn immer öfter und zwar immer dann, wenn der andere genau weiß, daß er im Unrecht ist. Wer hat schon ein privates Problem mit einem sturen Kellner oder einem noch stureren Verkäufer? Im Grunde seines Herzens ist man ja froh, daß man mit solchen Leuten nicht auch noch privat befreundet ist. Das rein geschäftliche Verhältnis reicht dem Normalsterblichen im Grunde. Menschen, die fragen »Haben Sie ein Problem mit mir?« eignen sich der Erfahrung nach selten dazu, vernünftige Gespräche zu führen. Am besten, Sie lächeln sie gütig an, drehen sich um und verschwinden in der Dunkelheit, scheinbar milde verzeihend. Das ärgert sie am meisten.

Zu den Lieblingsformen des menschlichen Kontaktes zählt den Berlinern das Meckern. Wir unterscheiden drei Formen:

KASSE
BIS 3
ARTIKEL
INGE

1. Das Gewohnheitsmeckern.
Setzt immer dann ein, wenn man eigentlich nichts zu sagen hat und dennoch nicht schweigen möchte. Man könnte einwenden, daß man jetzt ja gut über neue Errungenschaften der prosperierenden Stadt oder über positive Begebenheiten sprechen könnte. Falsch! Das macht doch überhaupt keinen Spaß! Wollen Sie als Partykiller gelten? Viel schöner ist es doch, sich ausgiebig zu mokieren. Es findet sich bei gutem Willen immer etwas: mal hier ein Hundehäufchen, mal da ein vermeintlich falsch geparktes Auto.

2. Das Meckern zum Zwecke der Kontaktaufnahme.
Wenn etwas entsetzlich beginnt, kann es eigentlich nur besser werden. Selbst beim Meckern können Sie Leute kennenlernen, und hinterher stellt sich oft heraus, daß sie recht nett sind. Somit ist das Meckern als soziale Umgangsform – bei genauer Betrachtung – unerläßlich.

3. Das Meckern mit realistischer Grundlage.
Eine große Stadt bietet immer Grund zu meckern. Deshalb gibt es auch seltene Fälle, in denen es legitim ist. Aber schöner sind die beiden anderen Grundformen dann doch.

Die Liebe zum Meckern ist selbstverständlich auch statistisch belegbar. Pro Jahr finden die Parlamentarier rund 20.000 Eingaben in ihrer Post. Briefe von braven Bürgern, die sich einmal öffentlich beschweren wollten. Alleine oder ordnungsgemäß in einer Bürgerinitiative versammelt. Die Summe der Eingaben aus Berlin ist in Relation zur Bevölkerung am höchsten. Auf eine Million Menschen kommen in Berlin nahezu 500 Eingaben, das ist bundesweiter Rekord.

Schritt 35: Meckern Sie mit! Verpassen Sie keine Gelegenheit, Ihren Senf dazuzugeben.

Wenn Sie alles schön und gut finden, werden Sie in Berlin nämlich ganz schnell zum Außenseiter. Man wird Sie für verschroben halten oder Ihnen hinter Ihrem Rücken unterstellen, daß Sie keine eigene Meinung haben.

Das passende Zitat als Notwehr

Was tun, wenn nur noch deutliche Worte helfen?

Gleiches Recht für alle? Von wegen! Berliner sind zwar Menschen, die pausenlos über ihre Heimat schimpfen, nörgeln oder meckern. Selbst wenn sie gerade einen sagenhaft schönen Sonnenuntergang über dem Gendarmenmarkt beobachten, werden sie in der Litanei über um zwei Cent teurer gewordene Schrippen keine Sekunde innehalten. Sie haben aber im Gegenzug nicht das geringste Verständnis dafür, daß sich Zugereiste ebenfalls über Staus, kleine überteuerte Wohnungen oder unfreundliche Verkäuferinnen auszulassen gedenken. Vermeiden Sie offene Kritik! Dann wird der Ureinwohner, in seiner mürrischen, aber bedingungslosen Liebe zu Berlin tief getroffen, zum stolzen Ritter, der dem vermeintlichen Feind nur allzu schnell den Fehdehandschuh hinschleudert. Es gilt, die Ehre seiner Stadt zu verteidigen, koste es, was es wolle!

Allzu offene Worte über Unzulänglichkeiten, das lernen Neulinge schnell, können also Freundschaften im Keim ersticken. Andererseits: jenseits des berühmten 50er-Jahre-Slogans »Berlin ist eine Reise wert« gibt es genug Möglichkeiten, durch die Blume doch seine Meinung kundzutun.

Schritt 36: Kritisieren Sie nicht, es wird übelgenommen! Zitieren Sie stattdessen andere, die vor Ihnen gemeckert haben.

Adelige und Bürgerliche, Dichter und Denker, Glückssucher und Religionsstifter haben diese Stadt besucht und ihre Eindrücke anschließend nicht verschwiegen. Äußern Sie also nicht, daß Sie sich hier wohl nie zuhause fühlen werden (auch deshalb nicht, weil Sie sowieso wieder anderer Meinung sein werden, wenn sich Ihr Zorn gelegt hat). Stellen Sie es so an, daß Sie ein zur Stimmung passendes Zitat parat haben. Etwa: »... wie schon Graf Cagliostro 1765 bemerkte: ›Berlin – ekelhafte Stadt! Kein Mensch glaubt einem etwas!‹« Schon sind Sie aus dem Schneider: Nicht Sie haben ja kritisiert, und deshalb kann keiner Sie kritisieren ... Die folgende Auswahl an Sottisen, Statements oder einfach Sätzen über Berlin ist ein nützliches Instrumentarium für die verbale Notwehr, und sie kann erste Befriedigung verschaffen – zeigt sie doch, daß nicht allein Sie hier gelitten haben.

»Diesen Mittag erreichen wir Berlin. – Alles endet hienieden.«
Arthur Schopenhauer (1804)

»Die Einwohner sind gut, aber zu rauh und ungelehrt, sie lieben mehr die Schmausereien und den Trunk als die Wissenschaften. Selten findet man einen Mann, der die Bücher liebt, sondern aus Mangel der Erziehung und der Lebensart ziehen sie die Gesellschaften, den Müßiggang und die Pokale vor. Die Ausschweifung im Trinken wird von ihnen nicht für ein Laster gehalten ...«
Abt Trittenheim zu Spannheim (1505)

»Berlin liegt an einer Sandwüste, die ein wenig nordöstlich von Leipzig beginnt. Die Plätze sind alle nicht gepflastert, so daß man bis an den Knöchel einsinkt. Der Sand macht die Umgebung der Stadt öde. Nur Bäume gedeihen, und hie und da Wiesen. Ich begreife nicht, wie jemand auf den Gedanken geraten ist, mitten in diesen Sand eine Stadt zu gründen.«
Stendhal (1806)

»Ich hatte mich in meinen mitgebrachten Begriffen von dieser großen Stadt sehr geirrt. Ich fand das Äußerliche viel schöner, das Innerliche viel schwärzer, als ich mir's gedacht hatte. Berlin ist gewiß eine der schönsten Städte in Europa.«
Friedrich Forster (1778)

»Berlin macht auf mich im allgemeinen den widrigsten Eindruck: kalt, geschmacklos, massiv – die richtige Kaserne, und die lieben Preußen mit ihrer Arroganz, als hätte jeder den Stock geschluckt, mit dem man ihn einst geprügelt!«
Rosa Luxemburg (1898)

»Da die unruhigen, querulierenden Einwohner von Berlin meine Gnade zu sehr mißbrauchen und sie mir sogar mit Undank belohnen und mit Verdruß verbittern, so habe ich beschlossen, für sie nicht mehr bauen zu lassen.«
Friedrich II. (1782)

»Das berlinische Publikum ist übrigens (wie hast alle Publica in der Welt) ein vielköpfiges Ungeheuer, davon sich einige Köpfe mit den feinsten

Säften der besten Pflanzen nähren, die meisten aber Disteln und Stroh fressen.«
Friedrich Nicolai (1779)

»Überdies hat alles in der Bauart, in Anlage der Straßen, in der ganzen äußeren Erscheinung eine gewisse prahlende und trockene Monotonie, die ohne Zweifel entweder den Berliner Charakter allegorisch schildert oder doch stark auf denselben einwirkt.«
Per Daniel Amadeus Atterbom (1817)

»Aber, unter uns gesagt, je öfter ich Berlin sehe, je gewisser wird es mir, daß diese Stadt, so wie alle Residenzen und Hauptstädte kein eigentlicher Aufenthalt für die Liebe ist. Die Menschen sind hier zu zierlich, um wahr, zu gewitzigt, um offen zu sein. Diese Menge von Erscheinungen stört das Herz in seinen Genüssen, man gewöhnt sich endlich in ein so vielfaches eitles Interesse einzugreifen, und verliert am Ende sein wahres aus den Augen.«
Heinrich von Kleist (1800)

»Es lebt aber, wie ich an allem merke, dort ein so verwegener Menschenschlag beisammen, daß man mit der Delikatesse nicht weit reicht, sondern daß man Haare auf den Zähnen haben und mitunter etwas grob sein muß, um sich über Wasser zu halten.«
Johann Wolfgang von Goethe (1823)

»Warum weigern sich die Hauswirte, die hunderttausend Mark für ein Marmortreppenhaus (mit hübschen Goldkanten und Mosaikeinlagen) ausgegeben haben, eine Mark für jede Nacht auszugeben, damit der Flur anständig beleuchtet ist? Die Treppenhäuser sind dunkel, sie sind sehr dunkel. Man kann Licht machen, indem man auf einen Knopf drückt, der für einige Zeit Beleuchtung liefert, aber in der ganzen Geschichte Berlins ist nicht bekannt geworden, daß diese Beleuchtungszeit auch nur einmal so lange gedauert hätte, daß man vom Erdgeschoß bis zum obersten Stockwerk kommen kann.«
Sinclair Lewis (1930)

»Denn ich weiß, sobald ich anfange, meine guten Berliner zu loben, so hat mein Ruhm bei ihnen ein Ende, und sie zucken die Achsel und flü-

stern einander zu: ›Der Mensch wird sehr seicht, uns sogar lobt er.‹ Keine Stadt hat nämlich weniger Lokalpatriotismus als Berlin. Tausend miserable Schriftsteller haben Berlin schon in Prosa und Versen gefeiert, und es hat in Berlin kein Hahn danach gekräht ...«
Heinrich Heine (1829)

»Der Grundzug ist ein krasser Egoismus, ein naives, vollkommen aufrichtiges Durchdrungensein von der Überlegenheit und besonderen Berechtigung der eigenen Person und des Ortes, an dem die Person das Glück hatte, geboren zu werden. Um diese beiden Eitelkeiten dreht sich alles.«
Theodor Fontane (etwa 1889)

»Alle Einwohner Berlins sind intensiv mit ihrer Beschäftigung beschäftigt. Alle nehmen sie und sich furchtbar ernst, was ihnen einen leicht komischen Anstrich gibt. Auch die Müßiggänger gehen nicht schlechthin müßig, sondern sie sind damit beschäftigt, müßig zu gehen, auch die nichts arbeiten, tun dies im Schweiße ihres Angesichts. Auf keiner Bank des Tiergartens sitzt ein richtiger Nichtstuer. Er liest entweder oder rechnet im Sand. Was in Berlin Stillstand scheint, ist, näher besehen, doch ein Marschieren, nur eben zeitweilig auf demselben Fleck.«
Alfred Polgar (1922)

»Metropole Berlin? Rhythmus der Weltstadt, den naive Poeten schwingen hören, wirklich, wirklich? Wer Ohren hat zu hören, hört im Gebraus der großen Stadt auf Schritt und Tritt das Geklapper von Kötzschenbroda.«
Carl von Ossietzky (1925)

»Der Berliner ist sehr anspruchslos in manchen Dingen, ihm gilt schon als Garten, wofür man anderweit nur die Bezeichnung Wüstenei gebrauchen würde. Wenn er an einem Orte sitzt, wo es stark zieht, sagt er schon: Wie wohl is enem im Freien! Fällt ihm eine Raupe ins Bier, nachdem sie das letzte oder vorletzte Blatt des Baumes, unter dem er sitzt, abgefressen hat, so macht er die Bemerkung: Nun wird es aber mit Macht Frühling!«
»Berliner Pflaster« (1891)

»Unter den Deutschen sind wir Berliner die unbeliebtesten. Wir gehen allen anderen auf die Nerven. Wir wissen das, ändern aber nichts an unserem Betragen. Denn wir haben keine Lust, uns zu verstellen. Das ist unsere Tugend.«
Sling (1921)

Nachbemerkung: Mit Bedacht wurden nur die ausgewählt, an denen sich der unter Umständen zutiefst gekränkte Berliner nicht mehr persönlich rächen kann.

Orte zum Abgewöhnen

Wo man es höchstens sieben Sekunden aushält

Als in Lebensdingen erfahrener Mensch wissen Sie: Junge Liebe ist ein empfindliches Pflänzchen. Schon ein Windstoß kann dafür sorgen, daß hinterher der Kopf hängt und die Verfassung beider Beteiligten recht geknickt ist. Übertragen auf Berlin, können wir diesem Bild folgendes entnehmen: Alles hat eine gute und eine schlechte Seite.

Schritt 37: Vermeiden Sie Verunsicherungen! Solange Sie sich Ihrer Gefühle noch nicht sicher sind, sollten Sie bestimmte Orte nicht aufsuchen.

Sind Ihre Gefühle für Berlin erst gefestigt und ist eine langfristige Beziehung geplant, sorgt auch das Aufsuchen sogenannter SAP (schlimmste anzunehmende Plätze) nicht für Verstimmungen – denn das Vertrauen ist groß darin, daß die guten Seiten überwiegen.

Über folgende Örtlichkeiten der Stadt sollten Sie also vorsichtshalber erstmal hinwegsehen (Später können Sie daraus natürlich eine ganz besondere Sightseeing-Tour zusammenstellen – wenn Sie mit gezielter Abschreckungsstrategie verhindern wollen, daß Ihr langweiliger Cousin aus Hannoversch-Münden in Ihre Nähe zieht ...):

Alexanderplatz
Wird in Reiseführern gern als – neben dem Kurfürstendamm – zweites »urbanes Zentrum« des wiedervereinigten Berlins bezeichnet. Mit den

Spuren städtischen Lebens ist es auf dem »Alex« allerdings so eine Sache: Wer hier bei Einbruch der Dämmerung gen U-Bahn-Eingang strebt, wird sich leicht vorkommen wie der letzte Mensch auf Erden. Der Ort ist riesig, öd' und leer, wirkt ähnlich wirtlich wie die Mondoberfläche und degradiert in seiner Gigantomanie minutenschnell jeden Passanten zur ängstlichen Ameise. Der bei Kriegsende fast vollständig zerstörte Platz ist mit geradezu erschütternder Trostlosigkeit neubebaut worden; einzig boshaft veranlagte Architekten haben Freude daran, die Bausünden näher zu betrachten. Wer sich hier verabreden muß, tut es seit 1969 an der Weltzeituhr, die zumindest ein bißchen Schutz bietet. Tagsüber saugen Kaufhäuser, Hamburger-Bratereien und das 123 Meter hohe Forum Hotel (das frühere Hotel Stadt Berlin) Ströme von Kunden an und spucken sie schnell wieder aus, Bauchladenhändler bieten Tand für Hand und Hals feil, peruanische Großfamilien erfreuen das Ohr mit »El Condor Pasa«. Ein Ort des schnellen, billigen, unverbindlichen Konsums. Wer hier seine Mittagspause verbringt, kommt garantiert nicht zu spät zurück ins Büro. Wer Alfred Döblins Roman »Berlin Alexanderplatz« gelesen hat, sollte auf keinen Fall herkommen. Der Schock wäre zu groß.

Wilmersdorfer Straße

Westliches Pendant zum Prinzip Alexanderplatz; ebenfalls billig, unwirtlich – und abends ebenso schnell verwaist. Betonbrunnen und -skulpturen sind stumme Ankläger gewissenloser Baumeister: Lücken wurden seit den 60er Jahren stilsicher geschlossen, schlicht-zurückhaltende Fassaden älterer Häuser mit farbenfrohen Ladenschildern aufgemöbelt. Wer es sich leisten kann, macht sein Geschäft woanders auf. Wohl auch deshalb ist in der Wilmersdorfer Straße die Fluktuation besonders hoch: »Nur noch drei Tage!« brüllt ein Plakat gegen das nächste an, auf dem »Billig! Billig! Alles muß raus!« in krakeliger Schrift steht. Es gibt hier nichts, was man nicht woanders besser und schöner kaufen könnte. Allerdings ist es eine erstklassige Adresse für Tigerleggings oder »echte« Versace-Sonnenbrillen für 10 Euro. Was, das lockt Sie nicht?

Oranienburger Straße

Was soll man dazu sagen? Anfang der 90er Jahre war die Oranienburger Straße toll, man saß im »Obst & Gemüse«, holte sich ab und an eine Handvoll Erdnüsse und ein neues Flaschenbier – natürlich war Selbstbedienung! – und guckte dazu rüber zum Tacheles: eine Kaufhausruine, von Künstlern besetzt, die nicht nur Schrottskulpturen schweißten, sondern es auch verstanden, Parties zu schmeißen. Mittlerweile ist das »Obst & Gemüse« verschwunden, weil es keinen Texmex-Pamps anbieten wollte und zu klein war für große Horden jugendlicher Touristen aus der Provinz bzw. Ländern, in denen der Alkohol teurer ist als hierzulande (sie haben allesamt in Berlin etwas nachzuholen, wovon jeden Morgen die Scherben vieler Bier- und Sektflaschen im Rinnstein künden). Das Tacheles-Gelände soll von der Jagdfeld-Gruppe demnächst in ein gehobenes Stadtquartier verwandelt werden, während ringsherum längst die Ballermann-Klientel feiert. Nur die Heckmann-Höfe sind immer noch schön und still und sperrig im Angebot.

Erotik-Museum
Auch in der Joachimstaler Straße geht das Grauen um. Im Erotik-Museum offeriert man 5.000 Bilder und »kostbare Objekte aus aller Welt«. Die Wahrheit: kopulierende Chinesen aus Porzellan, kopulierende Japaner auf Pergament, kopulierende Menschen, die aussehen wie der Nachbar, Schaufensterpuppen mit Lockenperücken und Sado/Maso-Fummel. Das möchte man eigentlich nicht sehen, denn mit Erotik hat das noch weniger zu tun als die am Einlaß feilgebotenen, verräterisch geformten Bananen aus Holz. Trotzdem zählte man im ersten Dreivierteljahr nach der Eröffnung bereits 300.000 Besucher, die sagen konnten, daß sie in einem Museum waren. Es ist mit dem Erotik-Museum so in etwa wie mit dem Sex in der Badewanne: Klingt in der Theorie toll, geht in der Realität aber baden.

U-Bahnhof Schloßstraße
Hat die Ausstrahlung eines Hochsicherheitstraktes und zudem wahrhaft olympische Ausmaße: Wer diesen U-Bahnhof durchmißt, muß nicht nur ganz schön weit laufen, sondern sollte auch ein harmonisches Verhältnis zu den Errungenschaften der 70er Jahre haben ... Warten auf den nächsten Zug kann man auf formgespritzten Plastik-Sitzbänken, deren Königsblau hervorragend mit der zweiten favorisierten Farbe, Grellorange, harmoniert. Die Wände überzeugen in nacktem, puristischem Beton. Die Lichtstimmung erinnert an schummerige Partykeller. Ein Ort, den man allzu gern verläßt – was einem U-Bahnhof noch verziehen werden kann.

Volksfeste jeder Art
Ob deutsch-amerikanisches oder deutsch-französisches Volksfest, ob Lunapark, ob Weihnachtsmarkt an der Gedächtniskirche oder am Palast der Republik: Sie sind alle gleich und alle gleich schlimm. Ausnahmslos! Das Prinzip ist immer dasselbe: Zunächst Kapellen – je schlechter, desto lieber. Laut müssen sie sein. Dazu tanzen Volkshochschulgruppen, die noch nie in Südamerika waren, Tango. Eloquente Schausteller locken zu Fahrgeschäften von »Schlicker-Bahn« bis »Fliegender Teppich«. Zur Stärkung gibt's danach Undefinierbares, Stichwort: »Chinapfanne«. – Auch Crêpes sind beliebt. Unverzichtbar: Schmuckhändler, Fünf-Minuten-Porträtmaler, Bonbonverkäufer, Luftballons, die bald gen Himmel streben werden. Und Bier in rauhen Mengen, damit Vati sich wieder einmal richtig amüsieren kann (Mutti präsentiert derweil die neuen Tigerleggings aus der Wilmersdorfer Straße.). Weil sich auch der Hund mit vielen anderen Hunden gut beschäftigen kann, wird der Aufenthalt lange dauern. Abends gehen alle glücklich nach Hause. Alle, die in Berlin geboren sind.

Gedächtniskirche
Wenn Sie männlich sind und Sie beim näheren Betrachten der Gedächtniskirche plötzlich ein dringendes menschliches Bedürfnis plagt, sollten Sie nicht lange zögern: Pinkeln Sie an die Wand! Ein Phänomen ist es, daß die in Berlin ansässigen Männer ungemein selten eine Toilette aufsuchen. Wozu sonst stehen all' diese Bäume herum, wozu wären Hausecken, Wände und verschwiegene Winkel so gut? Handeln Sie, wie die anderen auch, nach dem abgewandelten Vogel-Strauß-Prinzip: Wenn Sie keinen sehen, sieht Sie auch keiner. Also den Passanten den Rücken zudrehen und los! Die Gedächtniskirche, und das ist kein Scherz, weist deswegen seit Jahren Gesteinsschäden auf. Ammoniak nagt an ihr. Weil deshalb auch immer ein recht herber Hauch in der Luft liegt, sollte man sich nach erfolgter Schnellbesichtigung besser ein anderes Plätzchen zum Verweilen suchen.

Ernst-Reuter-Platz
»Um den Platz reihen sich moderne Bauten bekannter Firmen«, notiert der »Baedeker«. Das allerdings ist die euphemistische Lesart. Man könnte auch sagen: Hier haben wir es mit einer besonders großen Kreuzung zu tun, in die fünf Hauptverkehrsstraßen Berlins einmünden. Ringsum dräuen Hochhäuser, bar jeden baulichen Charmes. In der Mitte befindet

sich ein Rondell mit zwei Wasserbecken, türkisblau ausgepinselt wie der Pool eines Reihenhauses. Weil dem Bezirk Charlottenburg das Geld fehlt, konnte die berüchtigte 23-Meter-Fontäne im Sommer nur nach dem beherzten Betteln der Berliner »Brunnenpatin« Isolde Josipovici kurz in Betrieb gesetzt werden. Trostlos! Nur zahlreiche Kaninchen genießen hier inmitten des nimmer abreißenden Kreisverkehrs ein vergleichsweise ruhiges Leben.

Internationales Congress-Centrum (ICC)
Wie ein stählerner Koloß liegt es direkt an der Stadtautobahn, felshoch und uneinnehmbar wie eine Festung. Die Berliner nennen es »Das gelandete Raumschiff« – wir sollten allerdings hoffen, daß Wesen von anderen Sternen nicht mit 320 Meter langen Transportmitteln zu Besuch kommen werden ... Das ICC, 1979 fertiggestellt, ist in der euphorischen Epoche entstanden, als man noch glaubte, der Strom käme aus der Steckdose und Atomkraftwerke wären ganz sicher. Nach dem schönen Motto der Überfluß-Gesellschaft – »Nicht kleckern, sondern klotzen!« – verbraucht das ICC bei vollem Betrieb so viel Strom wie eine mittlere deutsche Kleinstadt. Es ist ein Monstrum, das allzu gern auch Menschen verschlingt, denn es gibt verdächtigerweise niemanden, der sich hier noch nicht verlaufen hat. Ein ausgeklügeltes, an den Blutkreislauf angelehntes Leuchtsystem (Rot leitet zum Zentrum, Blau von Herzen weg), hat noch jeden in die Irre geführt. Eigentlich wäre es mit diesen Konditionen der ideale Flughafen für Berlin ... Wer sich eine Nacht lang der berauschenden Mischung aus omnipräsenter Technik, bedrückender Innenausstattung und seltsamer Akustik hingeben möchte, konnte dazu beispielsweise jahrelang am zweiten Sonnabend den im Januar stattfindenden Berliner Presseball wählen. Es war immer wieder schön anzusehen, wie mehrere tausend Menschen ratlos durch die Gänge streiften. Auch Sie werden sich garantiert nicht wohlfühlen.

Fehrbelliner Platz
Im Untergrund kann man sich zwischen zwei U-Bahnlinien den Wolf laufen, aber noch mißmutiger wird man oberirdisch. Einerseits, weil sich hier der BfA-Tower silberglänzend erhebt und man natürlich sofort daran denken muß, wie lächerlich niedrig einem hier dereinst die eigene Rente berechnet werden wird. Fast schon wieder froh macht dann die Erkenntnis, daß Albert Speer Berlin nicht mehr nach Belieben zur Welthaupt-

stadt umbauen konnte und es beim Feldversuch Fehrbelliner Platz belassen mußte: Der Hohenzollerndamm ist hier schön -zigspurig, wie der ADAC es schätzt – eine prächtige Repräsentationsschneise, durch die einschüchternd der Wind pfeift und an der verblüffend selten ein Bus hält. Das Wilmersdorfer Rathaus, zwischen den 30er und 40er Jahren erbaut, ist dem Maler Matthias Koeppel zufolge ein »Bauwerk, das aussieht wie das Wort ›Obersturmbannführer‹«. Die Hakenkreuze sind unterdessen aus den Fassadenreliefs entfernt worden, Sie ahnten es sicher schon.

Freibad Halensee
Ein Badesee, citynah gelegen am oberen Ende des Kurfürstendamms. Die Lage ist optimal, das Publikum nicht immer. Das klingt verdächtig. Weil sowas doch eigentlich nicht wahr sein kann – daß man in der Mittagspause schnell mal Anzug oder Kostüm von sich wirft und ein Ründchen zur Abkühlung krault im schwülen Berliner Sommer. Es hat auch wirklich einen gewaltigen Haken, denn hier wird das Von-Sich-Werfen ziemlich ernsthaft betrieben, will heißen: Der Aufenthalt mit Kleidungsstükken wird ungern gesehen. Man bräunt, badet und ißt mitgebrachte Snacks ausschließlich hüllenlos, und da das Gelände so groß nun auch nicht ist, fällt auf, wer sich diesen Geheimregeln widersetzt. Und solche Eigenbrötlerei nehmen Berliner dann echt persönlich!

»Ich will nach Hause!«

Einige Erste-Hilfe-Maßnahmen für den Ernstfall

Berlin zieht den Fremden unweigerlich in seinen Bann, läßt ihm keine Atempause zum Nachdenken. Doch irgendwann kommt sie dann doch angeschlichen – die Sehnsucht nach all den Lieben, die man zurückließ, um sein Glück in der Hauptstadt zu machen. Meist ist es spät am Abend, und man fühlt sich ein wenig einsam, wenn Grübeleien sich Bahn brechen durch's sentimentale Gemüt: War der Entschluß, nach Berlin zu gehen, nicht ein wenig voreilig? Wie mag es den Daheimgebliebenen wohl ergehen? Werden sie mich vermissen und in ihr Abendgebet einschließen? Oder haben sie mich etwa schon vergessen – aus den Augen, aus dem Sinn?

Die Millionenstadt kann unbarmherzig sein, und dieses Gefühl des Von-Aller-Welt-Verlassen-Seins, das sich nachts in unsere Herzen gräbt, weicht selten vor dem Morgengrauen. Und am nächsten Abend, wenn Sie ihren Arbeitsplatz verlassen haben, kehrt es zuverlässig zurück ... Die Diagnose ist einfach, sie besteht aus sieben Buchstaben: Heimweh. Sie haben Heimweh! Heimweh ist, wenn der Verstand es in Berlin schön finden will und das Herz sich nach Tübingen zurücksehnt.

Reden Sie darüber auf keinen Fall mit einem eingeborenen Hauptstädter, es würde ihn befremden.

Schritt 38: Schwärmen Sie nicht von anderen Städten! Berliner glauben nicht daran, daß man woanders als in Berlin leben kann.

Sie hängen nicht nur an Berlin und belassen es dabei, daß man es hier recht gut aushalten kann; nein, sie sind in ihre Heimat vernarrt und halten sie, jeder geographischen Gegebenheit zum Trotz, geradezu für den Nabel der Welt. Was nicht heißt, daß Sie nicht pausenlos darüber meckern würden. Aber heißt Lieben nicht Verzeihen? Einem Neuling jedoch wird dieses Grundrecht zur Kritik unnachgiebig verweigert. Er hat das Glück, hier wohnen zu dürfen. Soll er sich gefälligst freuen!

Der einsame Fremde muß also diskret dafür sorgen, daß seine Sehnsucht nach Stadt, Land, Fluß gestillt wird, bevor der Drang, die Koffer zu packen, übermächtig wird.

Schritt 39: Machen Sie den ersten Schritt zur Versöhnung! In vielen Fällen reicht da schon ein opulentes Mahl aus.

Das kann das tellergroße Wiener Schnitzel im »Café Einstein« (Kurfürstenstraße 58) sein, traditionell mit so sorgsam entfetteter Panade, daß man sich daraufsetzen könnte, ohne daß die Hose Fettflecken bekäme. Das können die Blutwurst-Maultaschen im »Heinrich« (Sophie-Charlotten-Straße 88) sein, die jeden Schwaben glücklich machen. Das kann für Münchner, die sich nach ihrem Biergarten sehnen, der Besuch im »Café am Neuen See« sein (Lichtensteinallee 1), wo sich bei entsprechendem Wetter die Bänke biegen. Und für Hamburger, denen ihr Hafen fehlt, liegen die »Iskele« im

Kreuzberger Urbanhafen, die »Philippa« am Planufer und die »MS Hoppetosse« an der Arena (Eichenstraße 4) vor Anker.

Es gibt für jeden das richtige Trostpflaster. Und das ist da, wo es schmeckt wie zu Hause. Immerhin: In Berlin gibt es mehr als 11.000 Gastronomiebetriebe. Die Suche für Wählerische kann sich entsprechend hinziehen. Deshalb seien einige Erste-Hilfe-Adressen empfohlen, die prompte orale Befriedigung versprechen. Oder einen durch ihr besonderes Ambiente sofort beseligt aufseufzen lassen.

Franzosen wird ein längerer Berlin-Aufenthalt vielleicht mit besonderer Härte treffen. Denn sie könnten hier einiges von dem vermissen, was das Leben in »la douce France« so besonders angenehm macht: eine ausgedehnte Mittagspause, verbunden mit einem Schlückchen Wein. Letzteres ist in Berlin verpönt; getrunken, allerdings vergleichsweise heftiger, wird erst nach Feierabend.

> **Schritt 40: Meiden Sie die Berliner Kantinen! Sie gehören zu den Orten, die einem den Spaß am Mittagessen auf ewig verderben können.**

Dort werden niemals endende Kämpfe gegen jegliche Vitamine geführt, seltsame Reste-Aufläufe angeboten und Gewürze als gefährliche Drogen eingestuft.

Ein Franzose hat es also so ungefähr mit dem Gegenteil des von seiner Nation so liebevoll propagierten »Savoir Vivre« zu tun. Die Lage ist ernst, aber es gibt Hoffnung. Zum Beispiel in Form eines Eierbechers – so haben die Berliner wegen der Innenarchitektur das Kaufhaus Galeries Lafayette in der Friedrichstraße (als Postadresse wählte man für das Eckgebäude allerdings die Französische Straße) getauft. Schuhe, Taschen, Modeschmuck kommen direkt aus Paris, interessanter ist allerdings die Feinschmeckerabteilung im Untergeschoß. Die Käseauswahl ist sehr beruhigend, die Baguettes und Croissants werden auch von Franzosen zu den besten der Stadt gezählt. Die kostenlose Kundenkarte garantiert, daß der französische Sommelier Sie zur nächsten Weinprobe einlädt. Wieder ein Stück Heimat. – Wollen Sie ein Stück Frankreich fast geschenkt, dann begeben Sie sich zum Kottbusser Damm.

Ist danach eine Partie Boule genehm? In der Charlottenburger Schloßstraße finden sich immer Gleichgesinnte, ebenso wie im Schöneberger Volkspark. Da sind Sie garantiert nicht allein – und können sich beispielsweise herrlich über die deutsche Unsitte aufregen, keinen Rohmilchkäse herzustellen und den kläglichen Ersatz auch noch in Plastik einzuschweißen ... Philippe Causse kann darüber nur die Nase rümpfen. Er behandelt in seinem sorgfältig klimatisierten Geschäft Maitre (Emser Straße 42) durchschnittlich 50 Sorten allerfeinste Rohmilch-Erzeugnisse mit der gebotenen Hochachtung. Etwas heiterer geht es in der Kreuzberger Fromagerie (Gneisenaustraße 24) zu.

Jetzt wollen Sie essen – und schweben in ungeahnter Gefahr. Nomen est omen, glauben Sie? Und gehen deshalb in die »Paris Bar«? Sie werden sich wundern. Wer nicht Stammgast ist, muß hier gehörig unter der Arroganz des zuständigen Garçons leiden. Das Essen, zudem bemerkenswert teuer, wird ihn nicht dafür entschädigen.

Dann doch lieber gleich in das unauffällige »La petite France« (Knobelsdorffstraße 27), mitten im Charlottenburger Kiez. Zurückhaltend und gerade deshalb so charmant. Ein Spatz mit Baskenmütze ist das Markenzeichen des ebenfalls empfehlenswerten »Le Piaf« (Schloßstraße 60, Charlottenburg). Etwas rustikaler das Wappentier des »Cochon Bourgeois« (Fichtestraße 24, Kreuzberg) – das fette Bürgerschwein, wie der Chansonnier Jacques Brel es zu schmähen pflegte für seine Behäbigkeit. Aber jenes ißt natürlich mit großer Wonne, wozu hier, in einer liebevoll restaurierten ehemaligen Ladenwohnung, auch angeregt werden soll: Es gibt keine haute cuisine, sondern deftige ländliche Küche an einfachen Holztischen.

Wenn Sie nicht dogmatisch sind, werden Sie sich im Ku'damm-Klassiker »Bovril« gut aufgehoben fühlen: Hier steht zwar auch ein Wiener Schnitzel auf der Karte, aber ebenfalls Löwenzahnsalat und Entenconfit. Das Ambiente hat Bistro-Charakter, das Niveau ist gehoben. Steht Ihrem französisch schlagenden Herz hingegen der Sinn nach lautstarker Herzlichkeit, Wein und Gesang, dann schnell ins »Ty Breizh« (Kantstraße 75): Drinnen regiert rustikales Durcheinander und der bretonische Wirt Patrick, der wirklich jeden Heimwehkranken aufzuheitern vermag – spätestens mit der Rechnung, auf der jede Bestellung liebevoll gezeichnet erscheint.

Mit der sprichwörtlichen Zurückhaltung gelingt es den Briten sehr viel besser, ihre Spuren in Berlin zu verwischen. Vielleicht ist es ja auch so, daß alle sich an das Sprichwort »My home is my castle« halten und ihr Lamm in Minzsoße daheim einnehmen. In Zeiten des Rinderwahns wird ohnehin kein Restaurant von sich behaupten, britisch zu kochen. Die »Seezunge Savoy« in der »Times-Bar« des Hotels Savoy (Fasanenstraße 9/10) ist einen Versuch wert, wird sie doch in recht gediegener Clubatmosphäre serviert. Da verwandeln sich Herren unversehens in Gentlemen und Damen in Ladies. Damit der Malt nach dem Essen ohne Sorgenfalten genossen werden kann, sollte der Traditionalist sich in einem original »London Cab« hinchauffieren lassen, stilecht im 50er Jahre-Look und mit Trennscheibe zwischen Passagieren und Fahrer Gerd-Michael Lodzinski (Reservierungen unter Telefon 251 20 54). Abwechslung vom einsamen Fünfuhr-Tee am Küchentisch bietet am Wochenende das Regent Schloßhotel Vier Jahreszeiten: Am prasselnden Kamin wird der »High Tea« zelebriert (im Sommer allerdings auf der Terrasse) – so opulent, daß es auch bei der Queen auf Schloß Windsor nicht besser sein kann: Kellner in Livree schenken perfekt gezogenen Earl Grey aus Silberkännchen ein, und beim Anblick der im Preis von 20 Euro inbegriffenen Köstlichkeiten kommt man wider Erwarten doch recht schnell aus den tiefen Sesseln hoch: Scones, Shortbread, Fingersandwiches mit Lachs und Gurke, mit Kresse garniert ... Very british, dear!

Italien ist in Berlin immer nah. Die Pizza gehört seit den 70er Jahren so selbstverständlich zu den Berliner Grundnahrungsmitteln, daß sie schon ihren eigenen Spitznamen hat: »Mafiatorte«. Sie gibt es im Miniformat – mal besser, mal schlimmer – an jeder Straßenecke. Jeder Berliner hat »seinen« Italiener, der ihm, weil der Kunde nun mal König ist, auch schauderhafte Kreationen wie »Pizza Hawaii« serviert. Sowas sollte man im »Parlamento« (Bergmannstraße 3) besser nicht bestellen – es würde den Wirt, der nebenher gern Politiker karikiert und Fußball guckt, in seiner Ehre treffen. Und die Pasta, die kochendheiß in einem ausgehöhlten Parmesan-Laib durchmischt wird, verdient wirklich jedes Lob. Im Gegensatz zum »Parlamento« verzichtet das »Cantamaggio« (Alte Schönhauser Straße 4) vollständig auf Ausstattungsklassiker wie rot-weiß gewürfelte Tischdecken: Licht und schlicht ist der Raum inszeniert, die Küche versucht sich mit Geschick an der Neuinterpretation von Klassikern. Nur 40 Gäste sind pro Abend die Glücklichen bei »Ana e Bruno« (Sophie-Charlotten-Straße 101); nicht wenige davon halten diese Institution nicht nur für den besten Italiener, sondern gleich für das allerbeste Restaurant der Stadt. Und wem der Sinn nach »Zuppa Inglese«, der findet diese Torten-Versuchung sowie delikates selbstgemachtes Eis in der Bar »Tolucci« (Eisenacher Straße 86). In manchem Kiez sind italienische Delikatessengeschäfte mitterweile an die Stelle der ausgestorbenen Tante-Emma-Läden getreten: Man palavert ein wenig, wählt Fenchelsalami aus der Vitrine, probiert eine neue Kaffeesorte ... So schön kann Einkaufen sein.

Wer mehr von der türkischen Küche erwartet als Döner, geht ins »Merhaba« (Hasenheide 39) – allerdings schmeckt es hier authentischer als im »Hasir« (Oranienburger Straße 49), das im Hof eines hochglanzsanierten architektonischen Schmuckstücks aus dem 19. Jahrhundert glanzvoll residiert: Es gibt viel falschen Marmor in Ochsenblutrot und einen Türsteher in Uniform. Das schönste Stück Türkei in Berlin aber ist unangefochten der Markt am Maybachufer (Dienstag und Freitag). Da fühlt sich jeder wie auf dem Bazar in Ankara.

So viele Chinesen und Inder haben in der letzten Zeit ihre Tore geöffnet, daß man langsam um das Aussterben von Eisbein und Erbspüree bangen muß. Wem der Sinn nach einem schnellen indischen Happen steht, hat in der Goltzstraße die Auswahl zwischen vier Schnellrestaurants – die Kellner im »Bahu« sind mit Abstand die nettesten. Ebenfalls eine hohe Dichte an indischen Restaurants erreichen die Grolman- und die Oranienburger Straße. Soll es gehoben sein, bietet sich das kitschfrei, aber kostbar ausgestattete »Kashmir Palace« (Marburger Straße 14) an. Vor »Chinaimbissen« kann indessen nicht genug gewarnt werden, sind sie doch oft genug fest in der Hand übellauniger Brandenburger, die mit der Sojasoße knausern. Dann doch lieber ins »Ostwind« (Husemannstraße 13) oder zu »Good Friends« (Kantstraße 30), wo man darauf hoffen darf, daß mit dem kopfschmerzfördernden Glutamat zur Geschmacksverstärkung wegen vorhandener Qualität gespart wurde.

Quantitativ nur noch kurz hinter der Currywurst liegt unterdessen Sushi. Auch wenn in Japan die Ausbildung zum Sushi-Meister inklusive Kugelfischfiletier-Unterweisung sieben Jahre dauert – hier wird in diversen Kneipen noch spät nachts munter gerollt oder Sushi zum Internetsurfen angeboten, was nicht ohne weiteres Vertrauen erweckend anmutet.

Auch Sushi vom Fließband, wie sie unterdessen von mehreren Ketten angeboten werden, zergehen nicht gerade auf der Zunge. Empfehlenswert ist und bleibt eins der ersten japanischen Restaurants in Berlin, das »Daitokai« (Tauentzienstraße 9-12, Europacenter), gut ist die Qualität ebenfalls in »Tuans Hütte« (Dircksenstraße 40, offiziell als Thailänder getarnt) oder im »Sabu« (Pfalzburger Straße 20), wo man sich zum Abschluß mit einem flambierten Eis verblüffen lassen kann.

Keine Überraschung hingegen ist es, daß der Berliner »seinem« Griechen die Treue genauso innig hält wie seinem favorisierten Fußballverein – Hertha BSC: Große Grillplatten haben etwas so Verläßliches, daß man sie ab und an doch gern vor sich sieht, mit ebenso großer Sicherheit kommt anschließend ein Verdauungs-Ouzo des Wegs. Ohne Folklore-Dekor – weißgekälte Wände, Plüschesel mit Tragekörben, sehr alte Philosophen aus Gips – kommt allerdings nur das moderne, karge »Skales« (Rosenthaler Straße 13) aus. Geschmackvoll nostalgisch ist das »Ousies« (Grunewaldstraße 16); an den Wänden sind Regenrinnen, Fenster und ein Fake-Balkon angebracht – als säße man am Ende eines langen heißen Ferientages im schattigen Hinterhof einer Taverne.

Tapas, die netten spanischen Schmeckehäppchen, haben ebenfalls fest in Berlin Fuß gefaßt. Schon immer gewußt hat das das »Carpe Diem« (Savigny-Passage), wo man inmitten ochsenblutrot getäfelter Wände an rohen Holztischen sitzt und dem Rattern der direkt über dem Kopf hin- und herfahrenden S-Bahn lauscht. Puristischer ist es im »Bar-Celona« (Hannoversche Straße2), touristischer im »Yo Soy« rechts neben den Hackeschen Höfen (wunderschön ausgestattet mit dunklem Holz und blau-weißen Kacheln). Und die Qual der Wahl hat, wer im »Mar y sol« (Savignyplatz 5) eine meterlange Vitrine abschreitet – und der Himmel darüber hängt auch noch voller Schinken!

Die russische Seele leidet? Beruhigen Sie sie im »Chagall« (Kollwitzstraße 2). Am Kamin läßt man sich mit Krimskoje, Borschtsch und Pelmeni trösten, mittwochs gibt es Live-Musik. Das »Pasternak« in der Knaackstraße 22-24 ist ebenfalls sehr geeignet für russische Romanzen. Und wer Prag, die goldene Stadt vermißt, für den kann es nur einen Ort geben: das »Café Slavia« (Wiesbadener Straße 79), im Interieur der üppigen tschechischen Jugendstil-Variante nachempfunden.

Wer Heimweh nach Afrika hat, geht ins »Afrika-Haus« (Bochumer Straße 25) oder ins »Kiboko« (Bölschestraße 10), wen es nach kambodshanischen Genüssen verlangt, der verfügt sich ins »Angkor Wat« (Paulstraße 22), wer in schlesischen Erinnerungen schwelgen möchte, fährt nach Zehlendorf ins »Chopin« (Wilhelmplatz 4). »Afrika-Nah« (Mainzer Straße 17) – schon der Name dieses Restaurants ist Beruhigung pur. Wenn es nur nicht mit diesen Termitenhügeln aus Zement verschönert wäre ...

Und wer von jenseits des Großen Teichs gekommen ist, ist in Berlin eh aller Sorgen enthoben: Amerikanische Eßkultur wird hier direkt liebevoll gepflegt. Vor allem rund um den Ludwigkirchplatz finden sich solche Verpflegungsmöglichkeiten, teils mit deutlich mexikanischem Einschlag. Der schönste Platz, um einen, zudem sehr guten, Burger zu essen, ist »Jimmy's Diner« (Pariser Straße 41) – weil man hier eine Zeitreise mitten in die Fünfziger antritt: Kunstlederbezogene Sitznischen, alte Reklameschilder, eine halbe Wurlitzer an der Wand und, darüber wacht der Chef persönlich, immer authentische Musik. »Brooklyn N.Y.« (Oranienstraße 176) – Stoßseufzer und zugleich ein Imbiß, den man da auch, in besagtem Stadtteil New Yorks, finden könnte: Pastrami-Sandwiches, Home Made Brownies – und das typische Superlativ »the best in town« darf bei soviel Authentizität natürlich auch nicht fehlen. Als besonders verdienstvoll muß das »Barcomi's« (Bergmannstraße 21 und Sophie-Gips-Höfe) gelobt werden: Die eigene Kaffeerösterei produziert eine Auswahl, die das Bestellen jeder Tasse Kaffee zur Qual der Wahl werden läßt. Und Cynthia Barcomi hat die Berliner süchtig nach Bagels, den in New York so geliebten Hefekringeln, gemacht. Sie werden wie in Big Apple mit angemachtem Frischkäse und Räucherlachs serviert. Home, sweet home!

Sie sind aus Australien? Im »Woolomoolo« (Röntgenstraße 7) gibt es Känguruh-, Krokodil- und Straußenfleisch. Sie kommen aus Bonn und haben Heimweh? Da hilft auf jeden Fall ein Gang zur »Ständigen Vertretung« (Schiffbauerdamm Ecke Albrechtstraße). Friedel Drautzburg, der seit ewigen Zeiten einige nicht nur bei Parlamentariern höchst beliebte Lokale in Bonn führte und nun in Mitte trostreiches Heimatfutter guter Qualität bietet, war einst einer der vehementesten Berlin-Umzugs-Gegner. War ...

Schöne Dinge, die man oft und leicht übersieht

Wie man mit Meckerern umgeht und Berlin lieben lernt

Spätestens seit der Lektüre des »Kleinen Prinzen« wissen wir: Das Wesentliche ist für die Augen unsichtbar – man sieht nur mit dem Herzen gut. Diese Weisheit empfiehlt sich, wenn man in Berlin nicht nur irgendwie wohnen, sondern sich auf Dauer wohl fühlen möchte. Denn fernab der Nörgler und Meckerer gibt es Facetten der Hauptstadt, die sich einem nur mit diesem gewissen Maß an Bereitschaft erschließen. Aber es lohnt sich, mit dem Herzen zu sehen.

Diskutieren Sie einfach nicht mehr darüber, ob Baustellen jetzt beispielsweise gut oder ätzend sind – in jedem Fall sind sie, langfristig betrachtet, wichtig.

Üben Sie sich in Hauptstadtfragen in Weitblick. Wagen Sie den gefährlichen Blick über den Tellerrand! Er werden sich Ihnen neue Horizonte erschließen, ohne die Sie nicht mehr leben mögen werden. Verabschieden Sie sich von dem Gedanken, daß Berlin als Hauptstadt etwas Bedrohliches ist. Schenken Sie der gefährlichen Diva Berlin Ihr Herz, und Sie werden es nicht bereuen. Ihr Dank ist ein faszinierendes Leben im 24-Stunden-Takt ohne Sperrstunde. Mit viel Wärme und ohne schlechtes Gewissen. Sollten Sie das nicht suchen, so ziehen Sie schleunigst nach Wanne-Eickel oder Uppsala.

Schritt 41: Schließen Sie Frieden mit den Nörglern! Und zwar so, daß die es nicht unbedingt mitbekommen, denn selbst das würde sie gewiß zum Meckern animieren.

Vermeiden Sie Themen wie Berlin-Zulage (über den Verlust derselben werden noch die Enkelkinder der Meckerer klagen), Schrippen (nach der Wende brach ein wahrer Krieg über die Stadt herein, als selbsternannte Experten behaupteten, die Ost-Schrippe sei besser als ihr West-Pendant. Mittlerweile kracht es nicht mehr an allen Bäckerfronten – man kauft ergeben, was einem besser schmeckt und Ost-West-Problematik (das endet unweigerlich in hanebüchenen Vorurteilen, bei denen sich garantiert Ihre Zehennägel aufrollen werden).

In guten wie in schlechten Zeiten. Was dem Fremden befremdlich erscheint, ist für den Berliner selbstverständlich. Denn irgendjemanden muß es doch schließlich interessieren, wa? Jetzt ist für den Neuankömmling Gelegenheit, seine Ausdauer unter Beweis zu stellen. Denn nur über das Zuhören solcher Nebensächlichkeiten erschließt man sich das Herz des anderen. Geduld ist die Mutter der hauptstädtischen Kommunikation, gleichermaßen die halbe Miete. Die andere Hälfte der Miete besteht aus einem oder zwei Bier – und dem Bewußtsein und der Zuversicht, daß sich alles irgendwie schon finden wird.

Schritt 42: Der Berliner ist ein kommunikativer Mensch! Ob er gerade Blumenkohlsuppe gegessen oder seinen Schlüssel verloren hat – er teilt sein Schicksal gerne mit anderen.

Glauben Sie nicht den Schilderungen halbherziger Berlin-Touristen, die nach zwei Tagen behaupten, alles gesehen zu haben. Sie können Berlin gar nicht lieben. Denn tiefe, ehrliche Liebe erfordert – ganz wie im richtigen Leben – Eingewöhnungszeit.

Schritt 43: Testen Sie die Stadt wie einen neuen Liebhaber! Oder erobern Sie sie wie die Frau Ihrer Träume, die Ihnen endlich, endlich ein Lächeln geschenkt hat.

Die einfachste Methode, sich in Berlin zu verlieben, ist es, nette Menschen zu befragen, wie und wo die denn am liebsten ihre Freizeit verbringen.

1. Nachts in den *Hackeschen Höfen* in Mitte. Eine der schönsten Bastionen wider das Meckern. Besonders, wenn es draußen warm ist.

Schritt 44: Freuen Sie sich auf den Sommer! Dann sitzen die Berliner draußen und sind plötzlich ganz andere Menschen.

Für rund 30 Millionen Euro wurde hier in dreijähriger Bauzeit ein Schmuckstück geschaffen, Investor Roland Ernst sei Dank. Sie sind eine einzigartige Symbiose aus Wohnen, Gewerbe und Amusement, 1905/06 anstelle einer bürgerlich-barocken Straßenrandbebauung am

Hackeschen Markt in Mitte errichtet worden. Der Spaziergänger lustwandelt durch acht Höfe, vorbei am Varieté Chamäleon, Restaurants, Cafés und Galerien. Hier tobt das Leben, fühlt man die Geschichte der Stadt! Denn die Hackeschen Höfe sind zugleich das Tor zur Spandauer Vorstadt, dem ältesten in Struktur und Bausubstanz erhaltenen Stadtviertel Berlins. Berühmt ist die Fassade des ersten Hofes, in der August Endell seine Vorstellungen von der »Schönheit der großen Stadt« verwirklichte. Wer den Hinterausgang der Höfe benutzt, landet in der Sophienstraße. Und ist unweigerlich verzaubert: weihevolle Stille, obwohl die laute Rosenthaler Straße nur wenige Schritte entfernt ist. Häuser, an denen nur das Klingelbrett aus dem 20. Jahrhundert stammt. Kleine Geschäfte, die Schirmreparaturen, Holzblasinstrumente und Töpferwaren feilbieten. Und dann die Sophienkirche mit ihren efeuüberwucherten Grabstätten auf dem Kirchhof – ein altmodisches Gesamtkunstwerk, charmant, aber ohne Sentimentalität.

2. *Nikolskoe am Wannsee.* Der Ort ist zwar ein wenig touristisch, aber dennoch bezaubernd und faszinierend. Seufzend liest man die Geschichte des idyllischen Ortes: Friedrich Wilhelm II. ließ hier im Jahre 1819 für seine Tochter ein Blockhaus errichten, das zu Ehren seines Schwiegersohnes Zar Nikolaus den Namen Blockhaus Nikolskoe erhielt. Heute ist es ein Restaurant mit Blick auf den Wannsee. Wer sich hier nicht in Berlin verliebt, muß ein hartgesottener Mensch sein.

3. Samstag morgen im *Café am Neuen See.* Aus dem Kännchen-Kaffee-und-Kuchen-Dämmerschlaf erwacht und zum In-Treff verjüngt. Wer früh da ist, kann mitverfolgen, wie die müden Berliner nach und nach eintreffen und erwachen. Man kann dort gut den ganzen Tag verbringen – solange man im »Bedienbereich« sitzt (überall anders gilt: Selbstbedienung!). Wer angesichts der besten Tomaten-Mozzarella-Pizza der Stadt ein schlechtes Gewissen bekommt, mietet einfach ein Boot und fährt raus auf den Neuen See. Anschließend kehrt man dann wieder im Café ein. Wildentschlossene Gäste trinken einen Tee der Sorte »Rabaukenmischung«.

4. Picknick im *Schloßpark Glienicke.* Früher wurden an der nahen Glienicker Brücke die Agenten ausgetauscht, heute stößt man auf der Wiese mit Prosecco an. Das Schloß Glienicke wurde 1826 von Karl Friedrich

Schinkel, dem Unermüdlichen, für den Prinzen Carl von Preußen, Sohn von Königin Luise erbaut. Haupt-, Kavaliershäuschen und weitere Gebäude sind im spätklassizistischen Stil errichtet. Läßt man den Blick über den Gartenhof mit den beiden wasserspeienden Löwen schweifen, fühlt man sich wie in Italien. Genauso berückend: vom Säulengang aus auf den Jungfernsee hinausschauen. Wer Auslauf braucht, macht sich auf den Weg durch den 116 Hektar großen Park, ursprünglich von Peter Joseph Lenné konzipiert und immer noch ein selten schöner Kompromiß aus wild wuchernder und gezähmter Natur.

5. Oder ein Besuch im *Schloß Babelsberg* im englischen Stil – hier sieht man die Glienicker Brücke von oben. Das Schloß wurde 1834 von Schinkel errichtet. Und es birgt wunderschöne Geschichte(n): Wenn Ehepaare streiten, schmollen sie manchmal tagelang. Prinz Wilhelm I. hatte da einen besseren Trick: Wenn er mit Prinzessin Augusta Ärger hatte, sprach er nicht mehr mit ihr, sondern schickte einen Boten mit einem Brief los. Und manchmal schrieb Augusta, wenn sie ihm verziehen hatte, zurück. Der Bote hatte dann viel zu laufen: Das Schloß Babelsberg, der Sommersitz der beiden, hat nämlich 99 Zimmer. Heute dürfen Sie die Gemächer nur betreten, wenn Sie graue Filzlatschen über die Straßenschuhe ziehen. Der Vorteil: Es läßt sich mit ihnen prima übers Parkett rutschen.

Der Garten von Schloß Babelsberg hat ein dorniges Geheimnis. Wilhelm I. (der spätere Kaiser Wilhelm I.) hatte nämlich zwei Frauen: Augusta und eine polnische Prinzessin. Weil er Elisa Radziwill jedoch nicht heiraten konnte, pflanzte er ihr einen herrlichen Rosengarten, den »Pleasure Ground«. Damit Augusta bei diesem Anblick nicht böse werde, ließ er weiße und rote Rosen pflanzen. Die einen für Augusta, die anderen für Elisa. Und noch heute rätseln die Besucher, welche Rosenfarbe für welche Angebetete sein sollte.

6. Am *Gendarmenmarkt* erschließt sich dem Neuberliner die Geschichte der Stadt. Der 8.000 Quadratmeter große Platz gilt vielen Menschen als der schönste der Stadt. Drei monumentale Bauten bilden ein geschlossenes Ensemble: Konzerthaus, Französischer Dom und Deutscher Dom. Im Sommer findet hier das »Classic Open Air« statt. Man trinkt Prosecco und genießt den Abend. Glücklich, wer in einem der umliegenden Häuser wohnt: Er spart die Eintrittskarten und muß sich nur an's Fenster stellen.

7. Die *Waldbühne*. Berlins einzige amphitheatralische Freilichtbühne mit 20.000 Plätzen (erbaut 1936) liegt unweit des Olympiastadions. Mußte nach einem Rolling Stones-Konzert wegen Randaleschäden geschlossen werden und wurde in den 80er Jahren wiederöffnet. Hier sangen schon Genesis, Prince und Max Raabe, aber auch viele Größen der »E-Musik«. Im Sommer trifft man sich zum »Kino in der Waldbühne« – Picknickkörbe müssen klein ausfallen, große sind leider nicht mehr zugelassen.

8. »Der Berliner bringt es fertig, morgens früh an Bord zu gehen, um erst am späten Abend wieder den heimatlichen Hafen anzulaufen«, schrieb jemand im Jahre 1929.
Die Geschichte der *Berliner Schiffahrt* reicht weit zurück: Anno 1902 fand man in Stralau einen vier Meter langen Einbaum aus der Jungsteinzeit. Bald nach der Gründung Berlins und Cöllns um das Jahr 1230 wurden Holz und Getreide zu Wasser nach Hamburg und Lübeck gebracht. Daß Berliner Schiffsfreunde sind, liegt nahe, denn immerhin sechs Prozent des Stadtgebietes sind öffentliche Wasserflächen. Seit 1702 werden sie fahrplanmäßig erobert. Damals wurde die erste Personenschiffahrt mit einer »Treckschuten-Linie« zwischen Berlin und Charlottenburg in Betrieb genommen. Charlottenburg hieß damals Lützenburg und gehörte noch lange nicht zu Berlin. Treckschuten nannte man kleine Schiffe ohne Mast und Segel, mit einem festen Aufbau in der Mitte. Die Schiffe wurden von zwei Pferden gezogen, die auf einem Damm trabten. Die Stimmung muß heiter gewesen sein: »Man gab seine zwei Groschen und setzte sich in die angelegte Treckschute, allwo stets Kompagnie und die meiste Zeit Spielleute anzutreffen gewesen«, lautet die Schilderung eines Fahrgastes. In der Folge richtete Schiffer Adolf Meyern ein Fahrgastschiffahrt-Unternehmen ein und bot »Plaisierfahrten nach Treptow oder Stralau« an. Er versicherte, daß man bei ihm an Bord »mit guter Fahrt und billigem Preis mit und ohne Verdeckung bedienet wird«.

Schritt 45: Machen Sie Dampf! Die Liebe der Berliner zu Dampferfahrten besteht seit ihrer Erfindung. Und sie ist nicht totzukriegen.

Im 18. Jahrhundert wurde die Personenschiffahrt zwischen Spree und Havel hauptsächlich mittels Stak- und Ruderbooten betrieben – bis die Berliner ihre Liebe zu Gondeln entdeckten. Diese verkehrten zwischen Tiergarten und Moabit und waren klobige, grün-weiß gestrichene Kästen, auf denen Leierkastenmänner und Gitarrenspieler für Unterhaltung sorgten. Im Jahre 1815 erhielt der Engländer John Barnett Humphreys die Genehmigung zum Betreiben von Dampfschiffen in Preußen und gründete die »Patentirte Dampfschiffahrtsgesellschaft zu Berlin«. Auf seinem ersten Boot fanden 300 Menschen Platz. Das Vergnügen währte jedoch nur kurz: Ein Jahr nach der Gründung des Unternehmens war er auch schon wieder bankrott. Der Staat übernahm das Werftgelände mitsamt der fünf Dampfboote. Der 29. Juni ist ein historischer Tag in der Berliner Schiffahrtsgeschichte: Damals wurde in Pichelsdorf bei Berlin mit dem Bau des ersten deutschen Dampfbootes begonnen. Man konnte jetzt mit dem Dampfschiff nach Hamburg fahren – die Reise dauerte fünf Tage. Ein Blick in die Statistik vergangener Tage belegt die Beliebtheit von Dampferfahrten: 1866 wurden beispielsweise 414.000 Personen auf Berlins Gewässern transportiert, in den 70er Jahren des vorigen Jahrhunderts waren es gar 550.000 – bei einer Bevölkerung von etwas mehr als 700.000.

Kriegsjahre zählten stets zu den traurigsten in der Geschichte der Berliner Schiffahrt: Wegen Treibstoffmangels mußten zahlreiche Schiffe vor Anker liegenbleiben, Vergnügungsschiffe wurden für Truppentransporte benutzt. Und der 5. Juli 1951 war ein unvergeßlich dramatischer Tag. Seinerzeit explodierte in der Nähe der Treptower Eisenbahnbrücke die Maschine des mit Schulkindern besetzten Motorschiffs »Heimatland«. Passagiere stürzten sich brennend von Bord – dennoch wurde einem Löschboot aus dem Westsektor verweigert, bei der Rettungsaktion mitzuhelfen. Nicht zuletzt diente zu DDR-Zeiten ein Dampfer als Flucht-Transportmittel in den Westen.

9. Ein Besuch im *Berliner Dom*, Unter den Linden. Egal, ob Sie Buddhist, Protestant oder Moslem sind, möglicherweise glauben Sie auch an nichts und niemanden außer an sich selbst. Im Berliner Dom werden Sie inmitten der Großstadt tröstende Ruhe finden. Und sich der (einstigen) Macht der Stadt und ihrer Geschichte bewußt werden (in der Gruft stehen u.a. die Sarkophage des Großen Kurfürsten und seiner Gemahlin). Der Berliner Dom sieht erheblich älter aus als er ist – er wurde von 1894 bis 1905 nach Plänen von Julius Karl Raschdorff erbaut, im Zweiten Weltkrieg stark beschädigt und schließlich rekonstruiert.

10. Das *Bröhan-Museum.* Sowas können Kulturpolitiker heute angesichts klammer Subventionslage noch mehr würdigen: Das Bröhan-Museum, gegenüber vom Schloß Charlottenburg in einer ehemaligen Infanteriekaserne untergebracht, beherbergt, was der Sammler gleichen Namens 1982 der Stadt Berlin zum Geschenk machte – Möbel, Porzellan, Glas, Gemälde und Skulpturen, insgesamt 1.600 Exponate, die alle aus der Zeit von 1890 bis 1940 stammen. Besucher können in Jugendstil, Art Deco, aber auch Industriedesign schwelgen. Und weil die Objekte, geordnet nach Epochen, zu insgesamt 19 Salons zusammengestellt sind (ein jeder komplett mit Teppichen, Tapeten, Möbeln und Kunst), fühlt man sich gar nicht so sehr wie im Museum – sondern wie zu Gast in einem zum Staunen schön ausgestatteten Privathaus.

Gleich nebenan, im *Stülerbau*, ist ein weiterer Mäzen mit großem Herzen eingezogen: Kunsthändler Heinz Berggruen wohnt im obersten Stockwerk über seiner Sammlung, die er 1996 Berlin gestiftet hat – 70 Meisterwerke von Picasso über Cézanne bis hin zu Paul Klee.

Da habe ich Sie küssen müssen ...

Orte, die als romantische Kulisse dienen können

Dieses Kapitel ist speziell als Nachhilfe für Männer gedacht! Denn Frauen erwarten, daß sie zum ersten Mal an einem Ort geküßt werden, der nicht schon übermorgen vergessen ist. Muß man befürchten, daß Männer nach einem halben Jahr des Händchenhaltens, auf dem geblümten Sofa liegend, in jahrzehntelange Lethargie verfallen, so darf man zumindest am Anfang auf Phantasie und Initiative hoffen.

Schritt 46: Hüten Sie sich vor Langeweile! Sagt ein Mann schon beim ersten Date »Wo gehen wir hin?«, kann sich die Frau leicht ausrechnen, wohin die Reise geht: schnurstracks in die Öde.

Wir erwarten von hauptstädtischen Männern selbstverständlich nicht, daß sie uns mit der Kutsche abholen, vor dem ersten Kuß einen himbeergroßen Brilli aus der Jackentasche zaubern und während des Ansteckens die ewige Liebe versprechen (obwohl es schön wäre).Wir erwarten auch nicht, daß der Hei-

ratsantrag gleich nach dem ersten Lächeln kommt (obwohl wir das mehrfach im Fernsehen gesehen haben und daraus schließen, daß es so etwas doch irgendwo geben muß). Wir haben als Frauen mit Hauptstadterfahrung ebenso die Hoffnung aufgegeben, daß ein fröhlich wiehernder Araberhengst den Mann der Träume herangaloppiert, der sich erst wortreich für seine allgemeine Verspätung entschuldigt und uns dann den Kuß unseres Lebens aufdrängt – um anschließend nie wieder von unserer Seite zu weichen, um uns gegen alle Gefahren der Hauptstadt zu schützen und dafür zu sorgen, daß wir nur noch auf der Sonnenseite der Spree sitzen.

Sollte ein Berliner Sie jedoch generös in die nächste Eckkneipe (»Ich kenn' da den Wirt und krieg' beim Bier Rabatt, die Buletten sind eine Wucht und der Kartoffelsalat unschlagbar – ich kenne keine Frau, die das kann!«) ausführen wollen, entscheiden Sie grundsätzlich, ob Sie sich das antun müssen oder lieber die Flucht (in die Migräne) ergreifen. Küsse, die nach Bier und altem Fett schmecken – haben wir davon ein Leben lang geträumt? Nehmen wir dafür jeden Tag die Schattenseiten einer Großstadt, vom Einkaufstütenschleppen bis zu den ewigen Staus nach den Shoppingtouren, in Kauf? Und immerhin: In Berlin leben 1.648 Millionen Männer (Vorsicht! Diese Zahl beinhaltet auch 90jährige, mit denen eine gemeinsame Zukunft vielleicht nicht mehr ganz so gut vorstellbar ist), davon über die Hälfte Ledige, 2,3 Prozent Verwitwete, 8,4 Prozent Geschiedene (hier ist unbedingt Vorsicht geboten!). Da wird sich doch noch einer finden lassen, der Phantasie hat. Neuer Tag – neues Spiel!

Liebe Männer, bitte nicht traurig sein. Vermutlich wird man sich selbst als unwiderstehlicher Mann (und welcher Mann ist das nicht?) nicht gleich am ersten Tag in der großen, unübersichtlichen Stadt auch automatisch verlieben. Erst muß – Jäger & Sammler! – das Revier gesichtet, gesichert und sondiert werden. Aber eines Tages, wenn der erste Schock über die Auswüchse der Großstadt einer gewissen Freude am Großstadtleben gewichen ist, dann ist es an der Zeit, nicht mehr alleine über den Ku'damm zu wandern. Blieb zu Hause vielleicht nur die Dorfkneipe, um die Angebetete zum ersten Rendezvous zu bitten, steht man in Berlin vor der Qual der Wahl: Wohin lädt man die neue Liebe ein? Eher vornehm, eher gutbürgerlich, eher schrill?

Nicht zu laut soll es sein, das Licht nicht zu grell, keine Kaschemme, Nachbarn und Kollegen möchte man eigentlich auch nicht treffen.

Fünf Plätze für den ersten Kuß

1. »Am Sonntag will mein Süßer mit mir segeln gehen« – es gibt Lieder, die sind trotz Technowelle nicht totzukriegen. Und wenn er keine Yacht hat, dann mietet er ein Ruderboot und widerlegt das alte Vorurteil, daß Männer nur durch ihr Bankkonto bestechen können. Es gibt kaum eine Frau, und sei sie beruflich noch so unabhängig und selbstredend stark, die nicht auf noch stärkere Männer steht. Und je eher sie sieht oder erahnt, was sich unter einem Hemd oder perfekt sitzenden T-Shirt (muß nicht unbedingt XXXL-Größe haben) verbirgt und je eher sie weiß, wie es um die Ausdauer des potentiellen Prinzen bestellt ist, desto eher ist sie geneigt, ihn zu erhören. Sprich: sich küssen zu lassen. Der Mann der Träume denkt an alles und nimmt eine Flasche Champagner (bitte wohltemperiert!) mit. Der Rest findet sich. Empfehlenswert sind alle Seen von Wann- bis Müggelsee.

> **Schritt 47: Romantik führt zum Ziel! Und eines haben alle Frauen gemeinsam – Sie wollen für den ersten Kuß an ein wirklich schönes Plätzchen geführt werden.**

2. In den roten Logen des *Varieté Wintergarten* läßt es sich vorzüglich flirten – und auch ein wenig mehr. Man sitzt diskret im Hintergrund, genauer gesagt in der letzten Reihe, und genießt die Show. Nach außen hin. Auf rotem Samt sitzend, über sich ein dunkelblauer Himmel mit über sechstausend kleinen Sternchen, fällt einem wieder der Spruch ein, den man in der Lobby gelesen hat: »Dem Staunen gewidmet«. Männern sollte jetzt ein wenig mehr einfallen. Schade, daß so eine Wintergarten-Show schon nach zwei Stunden vorbei ist. Wer in Varieté-Stimmung weiterküssen will, kann am Wochenende ins *Chamäleon* wechseln. Dort findet jeden Samstag abend die »Mitternachts-Show« statt. Da zeigen Künstler ihre Lieblingsnummern, so lange, wie sie lustig sind. Das kann auch bis morgens um halb fünf dauern. Das Ambiente ist so, daß Sie einfach küssen müssen – bei Kerzenlicht! Ein Varieté-Besuch hat außerdem den Vorteil, daß die Angebetete glaubt, sie habe es mit einem kultivierten Mann zu tun. Und das haben Frauen jeden Alters im allgemeinen gern. Man

merkt schon noch rechtzeitig, daß der vermeintliche Kulturexperte im richtigen Leben (d.h. nach dem ersten Kuß) meistens kaum einen Unterschied zwischen Mozart und Volksmusik ausmachen kann. Aber das ist das Wesen der Liebe: Sie macht blind. Und das ist bei den Männern, die man in der Hauptstadt so trifft, zuweilen nicht das schlechteste.

3. Das *Manzini* in der Ludwigkirchstraße ist eine der letzten Oasen des großstädtischen Lebensstils. Hier ist es so nett, daß man eigentlich alles empfehlen kann: das Ambiente, die unglaublich guten Sandwiches, den Wein, der selig macht, oder, noch besser, die Bellinis (pürierter Pfirsich & Sekt). So idyllisch, daß man sich in Italien wähnt. Besonders nett ist es im Frühsommer spätabends, wenn es regnet und man draußen unter der Markise sitzt. Wer solche Küsse (es wird nicht bei einem bleiben!) nicht schön findet, der muß ein schlechter Mensch sein. Hier gibt es den besten latte macchiato der Stadt. Unwiderstehlich.

4. Im *Schloßpark von Sanssouci* ist es immer schön und immer schön romantisch. Im Frühling, im Sommer, im Herbst und im Winter. Jede Jahreszeit hat ihre Vorzüge, wenn es darum geht, Ansatzpunkte für den ersten Kuß zu finden. Im Frühling kann man die Blumen betrachten, im Sommer den Sonnenuntergang. Im Herbst wird man bei einem Parkspaziergang unweigerlich melancholisch gestimmt, und im Winter küßt man schon aus praktischen Gründen: Es schützt wirksam vor Erfrierungen. Besonders nett ist es rund ums Teehaus, auch wenn dort leider kein Tee serviert wird. Mit stoischer Ruhe gucken musizierende güldene Chinesen zu, wenn sich bislang fremde Lippen finden. Was mögen die Goldfiguren schon alles gesehen haben? Sie, die noch nie geküßt haben, schweigen und lächeln ihr goldenes Lächeln ...

5. Wenn man schon viele Frösche küssen muß, dann sollte es zumindest in netter Atmosphäre sein. Empfehlenswert ist deshalb der *Volkspark Friedrichshain.* Im Jahre 1840 beschloß der Berliner Magistrat, einen städtischen Park zu schaffen – schon in der zweiten Hälfte des 19. Jahrhunderts raffte man sich dann dazu auf. Dafür ist es aber auch ein besonders schöner Park geworden. Nach dem Zweiten Weltkrieg wurde die grüne Idylle neu angelegt. Im Volksmund nennt man die zwei Hügel, die aus Trümmerschutt um zwei ehemalige Flakbunker aufgeschüttet wurden, liebevoll »Mont Klamott«. Aus 78 Metern Höhe hat man einen wun-

derschönen Rundblick über die Anlage. Am Königstor steht seit 1913 der Märchenbrunnen mit Figuren der Gebrüder Grimm. Stehenbleiben, küssen! Und wenn der erträumte Mann nun doch ein Frosch ist und bleibt (das soll in der Hauptstadt vorkommen!), kann man sich zumindest mit einer recht märchenhaften Erinnerung trösten.

6. Glückskekse lügen nicht: »Die schönste Freude erlebt man immer dann, wenn man sie am wenigsten erwartet«, steht verheißungsvoll auf dem kleinen weißen Zettel. Genau: In Marzahn erwartet eigentlich niemand einen der schönsten Plätze Berlins, nicht mal im Erholungspark ... Im *Garten des wiedergewonnenen Mondes* findet der Großstädter, wonach er sich am meisten sehnt: Ruhe. Bei einem Täßchen Bai Mu Dan (weißer Tee) läßt es sich hervorragend schweigen. Serviert wird er im Teehaus »Berghaus« zum Osmanthussaft. Auch die Menschen in der chinesischen Stadt Chongqing am Yangtse, so entnimmt der Gast der Speisekarte, lieben ihn im Sommer, weil er gut gegen Hitzschlag sein soll. Im kleinen See vor dem Teehaus des einzigen chinesischen Gartens der Stadt schaukeln pinkfarbene Seerosen, man spaziert über kleine Brükken, staunt über die Schönheit der Pflanzen. Nur über eines wundert sich der in kürzester Zeit wunderbar erholte Besucher: Wer hat bloß die Frösche hereingelassen?

Dinge, die es (fast) nur in Berlin gibt

Von ewig langen Männern, Primelsalat und Straßenbahnen, die sich verfahren

Am 19. März 1997 mußte eine Straßenbahnfahrerin der Linie 2 ihr berufliches Waterloo verkünden: »Liebe Fahrgäste, es tut mir leid, ich habe mich verfahren. Ich bin neu auf dieser Strecke.« Wie bitte? Versteckte Kamera? Seit wann können sich Straßenbahnen verfahren? Die Menschen, immerhin aufgeklärte, zahlende BVG-Kunden, wähnten sich im Comic. Sie erfuhren: Eine Weiche war falsch gestellt worden, menschliches Versagen also. Und das mitten in Preußen, wo dereinst die Ordnung erfunden wurde! Das Mißgeschick ereignete sich an der Kreuzung Mollstraße und Prenzlauer Allee. Dort verhieß die Fahrerin ihren Fahrgästen: »Wir müssen jetzt leider zur Eberswalder Straße, dort können wir umdrehen.«

Ursprünglich wollten die Fahrgäste zum Hackeschen Markt. Verwundert und teils verärgert stiegen sie aus.

In solchen Situationen gilt: Wohl dem, den die Füße weit tragen. Und je länger die Füße, desto schneller ist man am Ziel. Im Jahre 1710 gründete der preußische König Friedrich Wilhelm I. das »Rothe Leid-Batallion Grenadiers«. Später hieß die Truppe »St. Königl. Majest. rothe Grenadierer«, heute schlicht »Lange Kerls«. Eigentlich gehören die Mannen ja zu Potsdam. Aber trotz gescheiterter Länderehe zählen sie zu jenem auserwählten Personenkreis, den der Berliner an und für sich gerne adoptiert. Weil sie so schön groß sind. Und da wird man doch wohl Ausnahmen hinsichtlich der Herkunft machen dürfen.

Die Riesengarde war das Lieblingsspielzeug des »Soldatenkönigs«. Er unterhielt rund tausend Mann in fünf Kompanien. Aufnahmebedingung: Keiner der Männer durfte unter 1,90 Meter groß sein. Motto: Je länger, je lieber. Der Soldatenkönig, der sonst in Gelddingen eher schottische Züge walten ließ, übte sich für die langen Männer in ungewohnter Großzügigkeit. Für seine Grenadiere gab er während seiner Regierungszeit doppelt so viel Geld aus wie für Stadtneubauten. Sie durften sogar auf mit reinen Gänsefedern gestopften Betten schlafen. Reiner Luxus. Und sie mußten nie in den Krieg ziehen.

Nach dem Tod Wilhelms schlug allerdings auch für die Langen Kerls – vorerst – die letzte Stunde. Zum Abschied durften sie beim Leichenbegängnis ihres Vorgesetzten aufmarschieren. 1990, rechtzeitig zur Vorbereitung der 1000-Jahr-Feier von Potsdam anno 1993, erinnerte man sich der großen Männer. Und weil ohne Verein nichts geht, wurde der »Lange Kerls e.V. Potsdam« gegründet, der heute rund 30 Mitglieder hat. Das historiengetreue Outfit für einen Kerl kostet rund 5.000 Euro. Man sieht: Billig waren Männer noch nie. Zweimal im Monat trifft sich die Garde zur fiktiven Gruppenübung, die Befehle stammen aus der Dienstvorschrift von 1726: »Herr Leutnant, wie stehen seine Kerls? Rangier' er sie!«, lautet eine der gebrüllten Anweisungen (Befehle werden heute wie damals in der dritten Person gegeben). Sogar janz weit auswärts besteht Nachfrage nach den Potsdamer Originalen: 1995 marschierten die Langen Kerls anläßlich der 38. »Steuben-Parade« dem Aufmarsch der deutschen Siedler in Amerika, durch Manhattan.

Wer nicht gerne geht, muß fliegen. Für 700 Euro bringt der Hubschrauber gestreßte Golfspieler sicher und schnell nach Bad Saarow. Hier spielte schon Winston Churchill Golf. Heute befindet sich dort der »Kempinski Sporting Club Berlin«, ein erlesenes Paradies für Golfer, Tennisspieler, Reiter und Segler (das Gelände verfügt selbstverständlich über einen eigenen Yachthafen). Ärgerlich ist nur, daß man für die Genüsse des Sportparadieses so weit fahren muß. Eine Stunde und mehr dauert die Anreise, die Autobahn ist – wie jede Autobahn, die den Berliner aus der Stadt führt – extrem staugefährdet. Nicht für den, der klug ist und fliegt. Für alle anderen hat der Prospekt aber einen Trost parat: »Auch mit der Bahn sind wir gut erreichbar. Über Fürstenwalde kommen Sie nach Bad Saarow. Von dort sind es nur wenige Minuten mit dem Taxi. Für Ihre Mobilität vor Ort haben wir vorgesorgt. Sie können jederzeit Mietwagen oder Limousinenservice buchen.«

Der Buletten und Currywurst überdrüssig, gelüstet es den Neuberliner zuweilen nach etwas Neuem. Gesund soll es sein, kalorienarm und auch noch gut schmecken. Ein kluger Berliner Diplom-Garteningenieur ersann aus diesem Grund das Büchlein »Eßbare Landschaften«. Seine Devise lautet: »80 Prozent unserer Pflanzen sind eßbar.« Auf 24 Seiten offeriert er Dinge, die man bislang eher in die Blumenvase denn in die Pfanne gab und die selbst Gourmets vermutlich noch auf keiner Speisenkarte zwischen Ohio und Neu Delhi gefunden haben. Berlin ist schließlich eine grüne Stadt, und in schlechten Zeiten muß man so sparsam wie möglich leben: Mit mildem Dressing versehen soll sich beispielsweise die Primel vorzüglich für einen Salat eignen. Blätter und Blüten des Gänseblümchens empfiehlt der Grün-Experte für Salate und Suppen. Gehen dem Hauptstädter die Kapern aus, kann er auf die Blüten der Kapuzinerkresse zurückgreifen, die – eingesalzt und in Essig eingelegt – wie Kapern schmecken sollen. Und Huflattich, so erfährt man, ersetzt jeden herkömmlichen Salat.

Wer viel gegessen hat, geht anschließend auch nachts noch gerne schwimmen. Die Bäderbetriebe ersannen ob der leeren Kassen jüngst neue Ideen. Jetzt kann man in einigen Schwimmbädern bis 23 Uhr schwimmen. Mit Musike. Wir unterscheiden zwischen Rock-Bädern, 60er-Jahre-Bassins, Techno-Becken und Klassik-Schwimmbädern.

Eine Berliner Firma entdeckte jüngst eine andere Marktlücke: die des Walkers. Wir sprechen hier nicht von jenen galanten jungen Männern, die ebenso galante junge Frauen ohne jegliche Hintergedanken auf gesellschaftliche Empfänge begleiten. Der Walker ist ein Fußkurier. Die Laufburschen und Laufmädels erledigen alles, wofür man selbst den lieben langen Tag keine Zeit hat: Anstehen für Konzertkarten, Einkäufe erledigen, Blumen kaufen und der Angebeteten stilvoll überreichen. Der Stundenlohn hat Hauptstadtniveau: Die Dienste eines Walkers kosten pro Stunde 17 Euro.

Reisende kennen sie aus Hongkong: An vielen Ecken bieten lächelnde Rikschafahrer ihre Dienste an. Jetzt gibt es sie auch in Berlin, sie heißen »Velo-Taxis«. Zuerst gab es, wie immer bei Neueinführungen in Berlin, erstmal Ärger. Zur Sicherheit, wie immer in Berlin, wurde erstmal gegen die Velo-Taxen protestiert. Zu langsam, befanden die Autofahrer, denen sie im Weg standen (den richtigen Taxifahrern waren sie sowieso von Anfang an als unliebsame Konkurrenz ein Dorn im Auge). Die Radfahrer fluchten schon aus Gewohnheit. Und Berliner und Touristen freuten sich zur Abwechslung einmal einträchtig über die neue Art der Fortbewegung. Menschen, die allzuviel Mitgefühl und Nächstenliebe an den Tag legen, ist die Fahrt im Velo-Taxi allerdings nicht zu empfehlen: Ja, man bekommt ein schlechtes Gewissen, wenn ein anderer sich abstrampelt und man selbst sich zurücklehnt und genießt. Aber schließlich machen die Fahrer, hauptsächlich Studenten, ihren Dienst ja freiwillig. Die meisten schwärmen von der Kondition und den Muskeln, die man dabei bekommt. Und sie haben ihrerseits heimlich Mitleid mit den Fahrgästen, deren Körper nicht so schön durchtrainiert sind.

Die Lösung: Basteln Sie sich ein Hausboot! Ein Berliner erfand das Hausboot im Selbstbausatz. Der Prototyp trägt den schönen Namen »Zauber von Berlin«. Erfinder Wilfried Zahl verspricht »Wer ein Regal zusammenbauen kann, der schafft auch mein Boot.« Der schwimmende Minibungalow ist knapp zehn Meter lang und 3,60 Meter breit. Auf dem Minischiff hat der gestreßte Großstädter ganze 27 Quadratmeter Wohnfläche nur für sich. Das ist nicht viel, aber dafür hat man keine Nachbarn, deren Hunde die Zähne fletschen, und man muß sich nicht über mißliche Dinge wie Grillgeruch oder das ständige Ploppen von sich öffnenden Bierdosen hinter schief geschnittenen Hecken ärgern. Auch der permanente Ärger über Rasenmähergeräusche gehört mit dem Kauf des »Zaubers von Berlin« garantiert der Vergangenheit an. Die große Freiheit hat ihren Preis: Das Boot kostet rund 40.000 Euro. Nette Geste: Für Menschen, die handwerklich schon an Regalen scheitern, bietet der Erfinder einen Zusammenbauservice für 3.000 Euro an.

Schritt 48: Drehen Sie jeden Euro zweimal um! Jeder Berliner, genervt von Hauptstadtmieten und Bierpreisen, versucht zu sparen, wo er kann.

Tauschen statt kaufen: Den Champagner kaufen wir, das haben wir mittlerweile gelernt, nur noch bei Aldi. Wer die hohe Kunst des Haareschneidens beherrscht oder die Tücken einer Steuererklärung erkennen kann, tauscht seine Dienste einfach gegen selbstgebackenen Kuchen oder ähnliches. Im Bezirk Kreuzberg wurde eigens zu diesem Zweck der »Tauschring« gegründet. Wer nichts zu tauschen hat, aber etwas haben möchte, der kann beispielsweise beim Renovieren helfen oder andere kleine Hilfsleistungen anbieten. Im »Tauschring« gibt es nämlich eine fiktive Währung: Eine Stunde Arbeit wird mit 20 »Kreuzern« verrechnet.

Wir müssen darüber sprechen: Was macht man eigentlich mit dem heißgeliebten Hund oder der Schmusekatze, wenn sie einmal nicht mehr ist? »Liebe bis zuletzt« lautet der Werbespruch eines Unternehmens, das Haustierbesitzern seine Dienste anbietet, ein anderes nennt sich fromm »pax animalis«. Denn nicht jeder möchte seinen Liebling auf dem Tierfriedhof wissen – zumal es keine ganz billige Angelegenheit ist. Der Tierfriedhof Hohenschönhausen – mit 2.000 Quadratmetern der größte Deutschlands, wie könnte es anders sein – berechnet für eine Einbettung je nach Größe zwischen 200 und 600 Euro. Für schlappe zwei Jahre! Hängt es damit zusammen, daß 90 Prozent aller Haustiere in Deutschland in Tierkörperbeseitigungsanlagen enden?

Sie haben Ihren Umzug von Bonn nach Berlin überlebt, eine bezahlbare Wohnung gefunden, einen Job und sogar die große Liebe (das kann alles passieren). Jetzt ist Zeit für kleine Zweifel: Ist er/sie auch wirklich treu? Oder erliegt der Mann, den man gerade zum Abschied geküßt hat, schon an der nächsten Straßenecke den Verführungen der Großstadt? Wird die Frau, die man erobert hat, beim nächsten drittklassigen Hauptstadt-Casanova schwach? Wer fremdgeht, dem kann jetzt ganz einfach, ohne sich die Finger schmutzig zu machen, das Handwerk gelegt werden. Anruf genügt. Man wählt die Nummer der »Treuetest-Agentur« in Reinickendorf und bestellt einen »Köder«. Zugegeben, das klingt nicht sehr elegant. Es ist ja auch nicht elegant, wenn der Partner fremdgeht. Und wir haben gelernt, daß in der Liebe und im Krieg alle Mittel erlaubt sind. Gerät der Partner jetzt beispielsweise in eine Autopanne mit einer Blondine, könnte das schwerwiegende Folgen haben. Für ihn. Tauscht er außer dem Reifen noch Telefonnummern aus, ist er dran. Für 200 Euro Gebühr kann man sich hinterher anhören, wie der vermeintlich Liebste Liebes flüstert – ins Mikro einer Anderen. Denn die Gespräche des Lockvogels werden zum Beweis aufgezeichnet. Ein Glück, daß es zur Geschäftsphilosophie der Agentur gehört, daß der Lockvogel sich nur in Gespräche verwickeln läßt. Pech für alle untreuen Menschen, daß es so eine Agentur überhaupt gibt Aber die Welt ist schlecht. Und die hauptstädtische noch viel schlechter.

Schritt 49: **Niemals wundern! Berlin ist voller Überraschungen, es gibt sogar gute, schöne, angenehme, nützliche und unterhaltsame.**

Oder kannten Sie vor Ihrem Umzug Primelsalat oder saßen in Straßenbahnen, die kurzerhand die Linienführung änderten? Und bestimmt haben Sie die Liebe Ihres Partners noch nie von einem Lockvogel testen lassen (müssen).

Berge? In Berlin? Was glauben Sie, warum die Berliner so gerne nach Bayern fahren? Wo es für einen Preußen doch eine unglaubliche Überwindung bedeutet, sich zu denen da unten zu begeben. Schließlich ist man seit Jahrhunderten erfolgreich verfeindet, was Betitelungen wie »Saupreiß« eindrucksvoll belegen. Aber die Berge sind halt gar so schön. Fast vergessen ist die Tatsache, daß 1986 in Berlin mit Hilfe von Schneekanonen ein Weltcuprennen stattfand. Sie glauben das nicht? Es gibt Fotos! Rund 15.000 Berliner verfolgten den Parallelslalom der Herren am Teufelsberg. Sie haben in Berlin noch nie einen Berg gesehen? Suchen Sie ihn auf dem Stadtplan. Immerhin, der Berg, der aus Kriegs-Bauschutt entstand, ist 120 Meter hoch.

Was haben sie, was ich nicht habe?

Was Berliner gerne für sich behalten

Mittlerweile sind Sie davon überzeugt und vielleicht sogar darüber erfreut, daß Berlin – im Gegensatz zum gemütlich-etablierten München und dem hanseatisch-zurückhaltenden Hamburg – eine brodelnde Metropole ist, die keine Grenzen kennt. Je mehr Sie sich an diese Offenheit gewöhnt haben, desto größer wird Ihr Verdacht, daß es irgendwo auch das Pendant dazu geben muß.

Wo sind die Orte, an denen Berliner (noch) unter sich sind?

Am Berliner Wannsee befindet sich Berlins ältester *Golfclub GLC*, mittlerweile mehr als 100 Jahre alt. Englische und amerikanische Diplomaten brachten 1895 ihre Liebe zum Green mit an die Spree. Der erste Platz mit neun Löchern wurde am Spandauer Damm eröffnet, hier golften auch Kronprinz Friedrich Wilhelm II. und Prinz Eduard VIII., der spätere britische König. 1924 platzte der Golfclub aus allen Nähten und mußte umziehen.

Man fand ein schönes grünes Plätzchen am Wannsee. 1949 wurde die 18-Loch-Anlage am Schäferberg von den Amerikanern beschlagnahmt, 1994 gaben sie ihn wieder zurück. Wer im GLC Berlin-Wannsee golfen will, kann dies derzeit nur als Gast tun. Rund 200 Menschen stehen auf der Warteliste, die Wartezeit beträgt mindestens drei Jahre.

Sieben Jahre müssen Sie warten, wenn Sie heute ein Abonnement für die Berliner Philharmoniker bestellen (da aber »normale« Karten auch im Vorverkauf erhältlich sind, können Sie sie zumindest vorher schon einmal hören ...).

Theoretisch könnten Sie noch heute zu Ihrem Broker marschieren und ihm ein kerniges »Besorg' er mir eine Aktie des Berliner Zoos!« entgegenschleudern. Praktisch werden Sie allerdings warten bis zum Sankt-Nimmerleins-Tag: Die Aktien, erstmals 1844 bei der Gründung des Zoologischen Gartens als Aktiengesellschaft ausgegeben, notieren zwar täglich unter »Freiverkehr« – binnen der letzten 20 Jahre hat sich der Kurs versiebenfacht –, sind aber fast nie erhältlich, denn die Zoo-Aktie ist eine Berliner Tradition, die nicht verkauft, sondern vererbt wird. Fragen Sie einen Berliner, ob er eine hat. Sagt er ja, können Sie einen gutbürgerlichen Background voraussetzen. Außerdem kommt er in den Genuß von drei Dauereintrittskarten – und wird alljährlich mit dem entzückenden Geschäftsbericht bedacht. Kostprobe: »Die rege Fortpflanzung unserer Chinesischen Muntjaks dauerte an ...«

›Entscheidungsträger‹ mit dem Altersschwerpunkt 40 und aufwärts seien es, die bei ihm trainieren, sagt Physiotherapeut Ralf Wiegand, »Musiker, Schauspieler und Selbständige, die halbe Crew der Potsdamer Ufa – eigentlich alle, die gemerkt haben, daß die in ihrem Beruf nur existieren können, wenn sie gesund bleiben.« 1989 hat er zusammen mit seiner Ehefrau Gudrun die *Villa Wiegand* in der vornehmen Grunewalder Bismarckallee eröffnet. Aus einem klassizistischen Privathaus ist ein »gesundheitsorientiertes Fitneßzentrum« geworden, das neben den Standards (von Aerobic bis Tai-Chi) besonders Bewegungstherapie und eine Rückenschule anbietet – außerdem Mountainbikes für die Tour durch den Grunewald und einen wunderschönen, parkähnlichen Garten mit altem Baumbestand.

Was das kostet? »Die Frage ist doch: Ist die Leistung den Preis wert?«, sagt Wiegand dazu. Rechnen Sie also mit einem mutigen Überschreiten der 1.000-Euro-Marke für eine Jahresmitgliedschaft. Dafür müssen Sie auch nicht auf einer Tartanbahn hoch über dem Ku'damm herumkeuchen oder einen Kurs in »Gefühlvollem Kämpfen« in einem Studio belegen, das wie eine Automarke oder eine besonders wirkstoffreiche Vitamintablette heißt – sowas ist nämlich neureich.

In guter Gesellschaft ist auch, wer dem *Verein der Freunde der Nationalgalerie* beitritt: Rund 1.000 Mitglieder – darunter Firmen wie Mercedes-Benz und die Privatbrennerei Jacobi, Erbprinzen, Manager, Rechtsanwälte und Ärzte – bezahlen 500 Euro Beitrag pro Jahr. Wer mit dabeisein will, muß einen Bürgen beibringen. Und kann dann stolz darauf sein, sein Scherflein zu Ankäufen von Kunstwerken für die Neue Nationalgalerie am Kulturforum Tiergarten beigetragen zu haben, für die ansonsten kein Geld da wäre.

Um sich selbst ein Bild machen zu können, reist der Verein dazu auch schon mal vorher zum Künstler ins Atelier. Oder zur Biennale nach Venedig. Beim *Förderverein des Brücke-Museums* geht es weitaus bescheidener zu: Für eine Spende ab 25 Euro ist man für ein Jahr dabei. Kosmopolitisches Geplauder im überschaubaren Kreis – ach, wer möchte da nicht dabeisein dürfen ... Der Mittelpunkt eines Salons müsse unbedingt eine Dame sein, findet der Soziologe und Schriftsteller Nicolaus Sombart.

Was ihn allerdings nicht davon abhält, allsonntäglich um 17 Uhr in seiner Wohnung einen zu veranstalten, der, wegen obiger Theorie, allerdings als Teegesellschaft getarnt ist. Sombart lädt Journalisten, Professoren, Künstler und Studenten ein, um über die Gesetze des Salons zu philosophieren, der gleichzeitig so offen (alle Themen, so sie nur geistreich sind, sind möglich) und so fest abgegrenzt (zu viele dürfen nicht eingeladen werden, sonst verebbt das Gespräch zum seichten Party-Geplauder) erscheint. Mitunter lädt auch Trixi Lüpertz (genau, die Gattin! Aber er wohnt nicht bei ihr) zum Salon. Oder Literaturagentin Karin Graf, bei der dann auch schon mal Henry Kissinger auftaucht. Aber Sie müssen erst ein wenig berühmt werden, um auch dabeizusein.

Ich bin Icke

Woran man merkt, daß man Berliner geworden ist

Irgendwann wird aus einem Zugereisten ein Berliner. Woran können Sie es merken? Das Verhältnis zum eigenen Ich hat sich verändert. Jette, Kalle und Manne schleichen sich ins Unterbewußtsein, machen sich dort breit, wo bislang die russische, norddeutsche oder bayerische Seele wohnten. Man ist jetzt wer – nämlich Icke. Na ebend! Und man scheut sich auch nicht, das zu sagen.

Schritt 50: Sie verschwenden keine Worte! Fragen, die eigentlich keinen Widerspruch dulden und bei denen keine weitere Diskussion folgen soll, beenden Sie mit »Wa?«

Morgens holt man Schrippen, abends bestellt man eine Molle. Regionale, einst liebgewonnene Spezialitäten wie Weißwurst oder Labskaus werden ersatzlos gestrichen. Stattdessen gibt's jetzt Currywurst und Broiler, jahrzehntelang erfolgreich getestet. Bei beiden Berliner Spezialitäten gilt: Je fetter, desto lieber – am Ende wird sowieso alles mit Bier hinuntergespült.

Bei großen Straßenfesten findet der Hungrige auch die bereits erwähnte unverwüstliche Chinapfanne. Ebenso heiß wie undefinierbar. Man findet sie ganz leicht, meist am Stand neben den ebenfalls unvermeidlichen Crêpes, folgen Sie einfach Ihrer Nase. Wahre Gourmets greifen allerdings zur Thüringer Rostbratwurst. Nachts, wenn einem sowieso schon alles egal ist und einen trotzdem der Hunger plagt, kann man vielerorts labberige Laugenprodukte erstehen. Die Rezepte wurden vermutlich von einem Bayer eingeschleppt (die Ermittlungen laufen). Die Laugenteile kommen aus großen Körben, die von Menschen getragen werden, die stets nüchterner scheinen als man selbst. Die Laugenstangen, häufig mit angeranztem Käse oder sich um den Grad der Trockenheit duellierenden Tomaten und Wurst gefüllt, sind ebenso überteuert wie ernüchternd.

Schritt 51: Zeit für Änderungen! Die beiden Ausrufe »Schön!« und »Toll!« ersetzen Sie rigoros durch ein bestimmtes »Boa ej!«

Es heißt nicht mehr »Das Buch, bitte!«, sondern »Dette!«. Besuche bei Tantchen in Wanne-Eickel kündigt man folgendermaßen an: »Ich fahr' nach Westdeutschland«. Präzisiert werden muß die Destination nicht. Bewunderung ernten Sie in der Hauptstadt höchstens mit Wochenendtrips nach Usbekistan oder mit der flüchtigen Bemerkung, daß Sie am Wochenende ausnahmsweise nicht im Tiergarten, sondern im Central Park rollerbladen werden.

Schritt 52: »Guten Tag« sagen tut weh! Betreten Sie ein Geschäft, so grüßen Sie niemals als erster.

Man wird Sie verwundert ansehen, denn in Berlins Läden hat nur einer das Sagen: der Verkäufer. Erst wenn er sich zu einem »Guten Tag!« hinreißen läßt, sollten Sie ein Gespräch beginnen. Doch Vorsicht! Das Pflänzchen der Liebe ist noch zart und darf nun nicht durch unverschämte Wünsche getötet werden. Etwa das Herbeiholen von Ware aus dem Lager. Nehmen Sie bitte, was im Geschäft ausliegt, auch wenn die Jacke nicht perfekt passen sollte – sei's drum! Nach dem Kauf der Ware verlassen Sie bitte so schnell wie möglich den Laden.

Schritt 53: Sie reduzieren Ihren Wortschatz! Das Wort »bitte« benutzen Sie bitte nur noch im allerprivatesten Bereich.

Etwa, wenn Sie Ihren Mann dazu überreden wollen, daß er die Wasserkisten in den fünften Stock schleppt oder Ihnen den Kaffee ans Bett bringt. Auch wenn es darum geht, einen Weihnachtsbaum in die hauptstädtische Behausung zu transportieren, ist ein »Bitte«, in Notfällen verbunden mit einem Augenaufschlag, von hohem praktischen Wert.

Doch das Wort, auf dessen Verinnerlichung Mama, Papa und die Großmutter einst soviel Wert gelegt haben, ist in Berlin nur noch im Einzelfall anzuwenden. Sie brauchen dabei aber kein schlechtes Gewissen zu haben. Denn Sie machen damit schließlich nicht den Anfang – Sie passen sich an! Mit allzu großer Höflichkeit, das haben Sie schon nach wenigen Wochen festgestellt, machen sie sich unnötig verdächtig. Man enttarnt Sie sofort als Landei und entzieht Ihnen auch noch den allerletzten Respekt.

Ein freundliches »Danke« erübrigt sich in den meisten Fällen. Dankbarkeit ist etwas für Bettlägerige und Menschen von gestern. Man befindet sich ja schließlich nicht in Asien. Haben Sie heimlich Vorfahren in Amerika, oder warum fragen Sie – vermutlich auch noch ehrlich interessiert – wie es dem Gegenüber geht???

Wir kennen einen Mann vom Bodensee, der morgens auf der Straße wildfremde Menschen grüßte. Peinliche Situationen ergaben sich, entsetzte Blicke wurden von mitleidigen abgelöst und umgekehrt. Daß der Mann einfach ein freundlicher Mensch ist, wollte dem Berliner so morgens und so auf der Straße nicht einleuchten. Man wähnte diesen Bodenseer als Entlaufenen von Bonnies Ranch. Laut hat das niemand gesagt. Aber es stand ganz groß auf den Gesichtern der Menschen. Der Mann hat schnell dazugelernt und grüßt jetzt nur noch Zeitgenossen, die er auch wirklich kennt.

»Danke« zu sagen, bietet sich wirklich nur an, wenn Ihnen nachts jemand auf dem Weg zwischen Potsdam und Berlin im Schneesturm bei einer Autopanne geholfen hat. Oder wenn man Sie nach zwei Stunden aus dem steckengebliebenen Aufzug des Fernsehturms gerettet hat. Das Argument, daß das bei Ihnen zu Hause aber ganz anders ist, vergessen Sie: Sie sind nicht zu Hause. Hat man Sie nicht oft genug vor Berlin gewarnt? Na eben. Und wer hat nicht darauf gehört? Na bitte.

> Schritt 54: **Statt »danke« sagen Sie ein schlichtes »hm«! Das reicht völlig aus, geübte/gebürtige Berliner schweigen häufig ganz und gar.**

Die Sache mit den Rennsemmeln

Wie man Berliner verstehen lernt

Was sagen Sie, wenn Ihr neuer Kollege Ihnen berichtet, er hätte sich gestern »Rennsemmeln« gekauft? Fragen Sie ihn, ob sie geschmeckt haben? Dann dürfte alles zu spät sein: Er wird Sie insgeheim einen »Hirni« oder »Fuzzy« nennen – oder vermuten, daß Sie »mit dem Klammerbeutel gepudert« wurden. Beide Redewendungen lassen befürchten, daß seine Meinung von Ihrem Intellekt nicht gerade turmhoch ist. Wie auch, wenn Sie nicht einmal einen so simplen Satz verstehen!

Jeder Berliner ist in dem beständigen Irrglauben gefangen, sich stets mit größtmöglicher Transparenz, tiefer Durchdringung sämtlicher Grammatikregeln und siebtem Sinn für die Schönheit seiner Sprache in Worte zu fassen. – Dazu später mehr. Sie konnten nicht ahnen, daß Ihr eingeborener Schreibtischnachbar sich nur neue Hausschuhe angeschafft hat. Hier allerdings würden noch mildernde Umstände gelten: Sollten Sie allerdings in einer Bäckerei »Drei Berliner, bitte!« ordern, wäre die Toleranzgrenze eindeutig überschritten. Das Gebäck, im Rest von Deutschland Berliner genannt, heißt in Berlin nämlich »Pfannkuchen«. Ansonsten hätte John F. Kennedys Satz »Isch bin ein Börliner«

> Schritt 55: **Berlinisch ist der schönste Dialekt der Welt! Daran dürfen Sie nicht zweifeln.**

auch nur bei der Bäckerinnung Geschichte gemacht ... Und daß Brötchen hier Schrippen heißen, das wissen Sie doch auch, wa? Jetze aber!

Berlinisch, wie sich der Dialekt der Ureinwohner sprachwissenschaftlich nennt, ist zunächst einmal ein Importartikel: »Wenn der König nicht die Ausländer zur Verwaltung heranzöge, stünde es schlecht um den Staat«, so war es 1749 im »Teutschen Merkur« zu lesen – jeder fünfte Einwohner im Berliner Raum war damals nämlich französischer Abstammung. Aufgrund des Potsdamer Edikts von 1685 durften sich die »Refugiés« – protestantische Hugenotten, wegen ihres Glaubens aus Frankreich geflohen – auf preußischem Boden niederlassen.

Natürlich hatte der Große Kurfürst das nicht unbedingt aus überbordender Nächstenliebe gestattet: Der Dreißigjährige Krieg hatte große Lücken gerissen, es fehlte an Handwerkern, Akademikern und qualifizierten Verwaltungsbeamten. Die »Glaubensflüchtlinge« waren willkommene Arbeitskräfte. Und ihre Sprache wurde sogleich als Bereicherung und Verfeinerung dem damaligen Dialekt, bestehend aus Resten des Mittelniederdeutschen, einverleibt. Die Berliner Schnauze hat also französische Wurzeln.

Heute allerdings ist manches sprachliche Mitbringsel aus Frankreich nur noch schwer ausfindig zu machen, so weit ist die Verballhornung fortgeschritten: Die »Bulette«, das Fleischkügelchen, stellt dabei noch die leichteste Übung dar, hat sie doch nur ihr französisches »o« als zweiten Buchstaben verloren. Aber wie ist es mit blümerant? Daß dahinter das »bleu mourant«, das sterbende, also blasse Blau steckt – das kann nur jemand wissen, der ziemlich gewieft (von frz. vif = lebendig) ist.

»Das Berlinische ist ein Jargon aus verdorbenem Plattdeutsch und allem Kehricht und Abwurf der höheren Gesellschaftssprache, auf eine so widerwärtige Weise komponiert, daß er nur im ersten Moment Lächeln erregt, auf die Dauer aber das Ohr beleidigt«, notiert mißbilligend der Schriftsteller Willibald Alexis Mitte des 19. Jahrhunderts. So kann man die Einflüsse nicht nur aus dem Französischen, auch aus dem Jiddischen, Polnischen, Englischen, Russischen und sogar dem Rotwelsch (der Sprachcode der kleinen und größeren Ganoven) natürlich zusammenfassen ... Alexis' Kollegen Wilhelm Raabe gelingt es 1884 aber doch ein wenig liebevoller: »An seine eijene Muttersprache wird man von Tach zu Tach mehr irre in det unjlückselije Weltnest ...« Berlin ist immer schon Schmelztiegel gewesen – und die Sprache ist folgerichtig das Auffangbecken.

Typisch berlinisch und von keinerlei »Zugereisten« geprägt hingegen ist der Hang zur spielerischen Sprachverdrehung: Nur hier heißt Verdis Oper »Rigoletto« natürlich »Riegelotto«, und aus dem geliebten Schwesterlein wird das profane »Lästerschwein«. Ebenso gern werden zwei Wörter zu einem zusammengeschmolzen, der stärkeren Wirkung wegen: »Raffitükkisch« aus raffiniert und tückisch klingt doch noch sehr viel durchtriebener als sein Ursprung!

Kreativ wird auch das kleine Wörtchen »zu« eingesetzt. Wo es hingehört, ist es nicht aufzufinden: »Da brauchste jar nich meckern!« Wo es nichts zu suchen hat, wird ihm ein Ehrenplatz eingeräumt: »Ick hab noch Wein im Keller zu liejen.« Es können gar nicht genug »zus« sein: »Det brauchste dir nich zu jefallen zu jelassen!«

Ein »weites Feld«, um es mit Berlin-Kenner Fontane zu sagen, ist außerdem die Aussprache: Die schöne Weisheit »Jips jibt's inne Jipsfabrik« illustriert das sehr bildhaft. Das G beispielsweise wird selten als solches gesprochen. In einem berlinischen Wörterbuch müßte also korrekterweise bei dem Buchstaben G stehen: siehe J (wie es in dem Band »Berlinisch« des Akademie-Verlages auch der Fall ist). Und auch das S wird oft zum Z – und umgekehrt: Ein junger Mensch aus Zürich könnte also unter Umständen als »Zven, der Schweiser« vorgestellt werden. Und überhaupt: Wo kommen Sie eigentlich her? In jedem Fall sollten Sie sich mit nachstehendem Glossar präparieren, um Mißverständnisse (siehe oben) zu vermeiden.

A

abgebrochener Riese – ein kleiner Mensch, der es doch nicht hoch hinaus geschafft hat

achtkantig – in hohem Bogen

amtlich – 1. alles, was noch im ungewissen liegt, ist noch nicht amtlich; 2. lobende Zutat für hübsch Anzusehendes, etwa »amtliche Stöckel(schuhe)«

AOK-Chopper – so nennt die Krankenkasse selbst ihre Rollstühle bestimmt nicht

asten – unter einer Last so leiden, daß man schon ächzen muß

Atze – Kurzform für Arthur, bezeichnet aber auch jedes männliche Wesen anderen Namens

Atzung – Nahrungsaufnahme

AvuS – eigentlich »Automobil-Verkehrs- und Übungsstraße«: 8,5 Kilometer kurze Berliner Illusion vom »Fahrn, fahrn, fahrn auf der Autobahn«. Obwohl Bernd Rosemeyer hier 1937 einen Rundenrekord von 276,4 Stundenkilometern aufgestellt hat, liegt die erlaubte Höchstgeschwindigkeit heute bei 100 km/h. Eine Schmach – und immer noch beliebtes Stammtisch-Thema!

Aweck – (frz. avec = mit) wem seine Arbeit elegant von der Hand geht, dem gelingt sie mit einem »gewissen Aweck«

B

bekommen – Berliner Synonym für »Ich hätte gern, und zwar sofort«: »Ich bekomm ein Weizenbier!«

beölen – wenn etwas ganz besonders lustig ist, kann man sich deshalb beölen, also kaputtlachen

beschlafen – eine Entscheidung auf die lange Bank schieben: »Dit muß ick ma noch beschlafen!«

Besuchsbesen – heißt, wenn er zur Beruhigung dienen soll, auch mal Drachenfutter: Blumenstrauß

Bierpinsel – bildhafte Beschreibung eines betonlastigen Bauwerkes über der Stadtautobahn im Bezirk Steglitz, das schnellebige Gastronomie beherbergt

Blase – »die ganze Blase«: die ganze Verwandschaft/Bekanntschaft

Blech – Reden ist Silber, Schweigen ist ... Blech – zumindest, wenn man nur »Blech«, also Unsinn, zu erzählen hat

Blümchenkaffee – Kaffee, der so dünn gekocht ist, daß die Motive auf dem Tassenboden von oben erkannt werden können
Bonnies Ranch – kommt ganz ohne Pferde aus, da es sich dabei um die Karl-Bonhoeffer-Nervenklinik handelt
Braut – Frau/Freundin – die nicht unbedingt geheiratet werden soll
Bredullje – (frz. etre bredouillé = in Schwierigkeiten sein) so tief drinstecken, daß man schon gar nicht mehr stehen kann: »Jetz sitzen wa inner Bredullje«
Brot – etwas, was »keen Brot frißt« kann aufbewahrt werden, ohne daß man sich darum kümmern muß
Bulette – Berliner Verbrechen an der Frikadelle (auch Bäckerbraten, Chansonettenbrüstchen oder Eternitplätzchen genannt) – oder: der Beweis, daß man alles essen kann, solange es nur lange genug durch den Fleischwolf gedreht und anschließend gebraten wurde

C
Café Achteck – auch Café Caro oder Rotunde: bezeichnet die altmodischen Herrenbedürfnisanstalten aus Blech, die jetzt den (sich nach jedem Gebrauch vollautomatisch abduschenden) »City-Toiletten« weichen müssen
Cheese – (nicht englisch, sondern mit imaginärem »ä« gesprochen, da von frz. chaise = Stuhl) da man in ihnen ja wenigstens noch sitzen kann, werden damit altersschwache Autos bezeichnet
Cislaweng – (frz. ainsi cela vint = so ging es vor sich) »Schißlaweng« gesprochen: mit Schwung, mit Leichtigkeit

D
Daffke – (jidd. dawko = durchaus) wer »aus Daffke« handelt, hat nicht unbedingt die Vernunft, aber auf jeden Fall den Eigensinn auf seiner Seite
Drehbücher – weil sich an diesem Ort oft die wahren Dramen abspielen: eine Rolle Toilettenpapier
Drehhahnbräu – frischgezapftes Leitungswasser
Droschke - wird nicht von Pferden, sondern von Pferdestärken bewegt, da es sich hierbei um ein Taxi handelt
Dschangr – lokaltypische Aussprache für »Genre«

E

eildieweil – Vermengung von alldieweil und weil, die einfach nur weil bedeutet
Elbkähne – Schuhe, so groß, daß man darin auch Boot fahren könnte
erschossen – nahezu tödlich erschöpft

F

Fahrschein – wer den Fahrschein verlangt, muß die Rechnung begleichen
Faßbrause – Apfellimonade, die optisch die Illusion von Bier erfüllt und auch so heftig schäumt
Fettlebe – wer »uff Fettlebe« macht, der läßt es sich gut gehen
Fisimatenten – (frz. Visitez ma tente = Besuchen Sie mein Zelt) Schwierigkeiten
Frollein – Anrede für alle Frauen unter 70
Fußlappen mit Flöhe – Essen, das nicht zum Probieren lockt
Futschi – das Gegenteil von Aspirin: kopfschmerzfördernder Cocktail aus Cola und Weinbrand
Fuzzi – siehe Hirni
Friedrich Wilhelm – auch wer kein König ist, muß ab und zu seine Unterschrift abgeben

G

Gedrängte Wochenübersicht – Kantinenessen, in dem man manches wiedererkennt
Göre – Kind, das nicht so still ist, wie es sein sollte
Goldelse – Engel auf der Siegessäule
Graf Koks – (gerne erweitert mit »von der Gasanstalt«) ein typischer Vertreter von »Mehr Schein als Sein«
Großer Gelber – doppelstöckiger Bus
Grünau – eigentlich ein Bezirk, hier: genau

H

Hackenporsche – ein Einkaufsgefährt, das man hinter sich herzieht, um Waren aller Art sicher nach Hause zu bringen
Handtuch – Mensch im ähnlich schmalen Format
Hasenbrot – nicht der Hase bringt das Brot: Kinder, die ihres in der Schule nicht gegessen haben, nehmen es wieder mit nach Hause

Hecht – wenn irgendwo ein Hecht ist, riecht es so, daß der Gedanke an nicht taufrischen Fisch auftaucht
Heringsbändiger – Herrscher über einen Tante-Emma-Laden
Hirni – heißgeliebtes Schimpfwort für jeden Idioten
Hopfenkaltschale – Bier
Hungerkralle – Luftbrückendenkmal am Flughafen Tempelhof

I

illuminiert – betrunken
Innung – Gruppe, Familie, Kollegenkreis – alles, was zusammengehört

J

Jachtern – sich abhetzen wie auf einer wilden Jagd
Jottwedee – Berliner Phonetik: janz weit draußen

K

Käseblatt – Zeitung, die nur als Einwickelpapier taugt
kajolen – mal hierhin, mal dahin jagen
Kameruner – Pfannkuchen in Form einer Acht
Keule – so liebevoll werden nur gute Kumpel angeredet
Kiez – der Dunstkreis des echten Berliners: das heimische Straßengeviert, das er freiwillig nicht verläßt
Kinkerlitzchen – (frz. quincaillerie = Küchengeräte) wer Kinkerlitzchen macht, der kommt nicht zur Sache
Klammerbeutel – wer mit dem Klammerbeutel gepudert wurde, hat einen leichten Dachschaden hinweggetragen
knusper – nicht ganz knusper an der Waffel: seltsam sein
Kutte – alles, was nicht im Kloster Lebende zum Wärmen überziehen (bzw. die Kurzform für Kurt)

L

Labberig – unangenehm weich – wie verkochte Speisen
Lakenball – wer zum Lakenball geht, macht bald die Nachttischlampe aus
Lamäng – (frz. main = Hand) aus der Lamäng wird etwas mit Ruhe und Routine erledigt
Lampe – meistens wird nicht Öl, sondern eher etwas Alkoholisches auf das eigene Lämpchen gegossen

Langer Lulatsch – der Berliner Funkturm
Leitungsheimer – das Getränk, das aus dem Wasserhahn kommt
Leukoplastbomber – fragil aussehender Kleinwagen
lila – »Wie geht's denn so?« In Berlin nicht so lala, sondern lila – aber in jedem Fall nicht besonders
Lippenstift, Puderdose und hohler Zahn – Kaiser-Wilhelm-Gedächtniskirche nebst der zwei sie umgebenden Eiermann-Bauten
Loden – Haare, wie sie nicht aussehen sollten
Lüttiti – wer den hat, der ist ein wenig sonderbar

M

Mafiatorte – Pizza
Mauke – Fuß, der mal wieder gewaschen werden könnte
Meister – Anrede für Handwerker, die in der Regel alles andere als das sind
Melanklöterich – Berliner Variante von melancholisch
Mirabellenetui – Büstenhalter
Mischpoke – (jidd. mischpocho = Stamm) nicht immer nett gemeintes Wort für den ganzen Anhang – wie z.B. lästig fallende Verwandtschaft
Molle – ein Glas oder Krug, in dem sich Bier besonders gut macht
Mottenfiffi – Perücke
Muckefuck – (frz. mocca faux = falscher Mokka) Kaffee, der gar kein richtiger Kaffee ist, sondern aus Zichorie oder ähnlichen Ersatzingredienzien besteht

N

Nachteule – ist, wer die Nacht zum Tage macht (auch Nachtschattengewächs)
Nagel – wer einen Nagel drin hat, ist betrunken
Nasenwärmer – vielseitig: 1. Schleier, der die Oberlippe verdeckt; 2. Schnauzbart; 3. angezündete Zigarette
Nebel – fällt aus wegen Nebel: es ist etwas dazwischengekommen
Nieselpriem – ein Mensch, der so langweilig ist, daß man ihn am liebsten im Regen stehen lassen möchte
Nimm – wer »vom Stamme Nimm« ist, ist habgierig
Nuckelpinne – Auto, das so langsam ist, daß es nicht mal einen Kinderwagen überholen könnte

O

Obermime – der Leiter, der den Durchblick hat

Oberschweineöde – nach dem Bezirk Oberschöneweide, hier stellvertretend für langweiligen Randbezirk

Okuhila – »Oben kurz, hinten lang« oder: »Die Lieblingsfrisur der Mantafahrer«. Es gibt auch noch »Vokuhila« – vorne kurz, hinten lang.

Olle – kommt zum Einsatz, wenn ein Berliner Mann seine Gattin zärtlich anzureden gedenkt (Retourkutsche: »Ach, Männe!«)

Otto – ob schnelles Auto oder gigantischer Gänsebraten – jeder Gegenstand, der irgendetwas Bemerkenswertes an sich hat, erntet den Kommentar: »Dit is'n Otto!«

P

Panoramablick – wer den hat, der schielt

Pappchinese – unangebracht alberner Mensch

Pappe – 1. Führerschein; 2. anerkennend: »nich von Pappe« – nicht schlecht

Pedalenstiege – Fahrrad

Pelle – jemanden auf die Pelle rücken: ihn nicht in Ruhe lassen, ihn hautnah bedrängen

Pennermatte – männliches Haupthaar, das so lang ist, daß es zu einem Kopfkissen zusammengerafft werden kann

Penunse – Geld

Persilschein – »reingewaschen sein«: die Erlaubnis haben

Pfannkuchen – Schmalzgebackenes, das überall anders Berliner heißt

Pfund - 10 Euro

piesacken – schließt alle Stufen des Ärgerns anderer ein, von Necken bis Quälen

Pipifax – alles, was entweder Quatsch oder besonders leicht zu bewältigen ist

pirseln – tun Männer, die am Urinal stehen

Plemplem – verrückt

Polken – mit Hilfe der Finger etwas Widerspenstiges zutage fördern

Popelbremse – Schnauzbart

Portjuchhe – Mischung aus Portemonnaie und »juchhe«, bedeutet aber nur ersteres

Potse – Potsdamer Straße

Q

q.m.w. – quatsch ma weiter, auch wenn keiner es hören will
Quadratschnauze – Person, die den Mund so weit aufreißt, daß jede Menge herauskommt
Quanten – Füße, auch Schuhe größerer Längen

R

Rad – wer ein Rad ab hat, hat nicht alle Tassen im Schrank
raffitückisch – Mischung aus raffiniert und heimtückisch
Rennsemmeln – Hausschuhe
Runzelzulage – Gehaltserhöhung bei Beamten

S

Salzhase – eingelegter Hering
Salzkuchen – Brötchen aus Roggenmehl
Sargnagel – Zigarette
Sauerkohlstampfer – Beine, die nicht in Miniröcke gehören
Scharmiert – entzückt vom Charme des Gegenübers sein
Scharwenzeln – jemanden umschmeicheln
Scheich Ahmed – jeder Mann mit Geld
Schlummerrolle – die Frau, mit der Mann seine Nächte verbringt
Schluppen – Lauchzwiebeln
Schnecke – so werden Lebensabschnittsgefährtinnen gern genannt
Schnitzel und Solei – Kneipendekorationskombi unter Glas, die ab und zu abgestaubt, aber selten gegessen wird
Schrippe -–Brötchen
schuchteln – bummeln gehen
Schulli – kurz für Schultheiss (hiesige Biersorte)
Schwangere Auster – Haus der Kulturen der Welt (wg. Dachform)
Schwulitäten – Schwierigkeiten jeglicher Art
Sechser – fünf Pfennig
Senfschnuller – Bockwurst
Sitzung haben – auf dem Klo thronen
spack – dünn
Spree-Athen – Beiname für Berlin
stiller Portier – Tafel im Hausflur, die die Namen der Mieter verrät
Stulle – 1. belegtes Brot/Klappstulle; 2. dumm wie Stulle: ziemlich blöd
Suppenschmiede – Kantine

T

Telespargel – der Berliner Fernsehturm
Teller bunte Knete – 1. hat eine überschminkte Dame im Gesicht; 2. Bezeichnung für Pizza
Töle – Hund, durchaus nicht lieblos gemeint
Töne – für Worte: »Haste Töne?«
Tränentier – Einfaltspinsel
Tretmine – Hundehaufen

U

unegal – ungeschickt: »unegale Finger«
ungelogen – ganz bestimmt wahr

V

Venus vom Kilo – vollschlanke Dame
verboten – etwas, das »verboten« aussieht, ist unmöglich
verhackstücken – gründlich (verbal) auseinandernehmen, aber auch verprügeln
Viertel – bei Zeitangaben gefährlich: Viertel sieben = 18.15 Uhr, Dreiviertel sieben = 18.45 Uhr
Violine – was keine Violine spielt, ist egal

W

wa – Rudiment von »was«, das den Satzbau des Berliners strukturiert (»Wa, und dann ha' ick ihm jesacht, wa Alter, das machste mit mir nich' nochmal, wa?«)
Wasser in die Ecke stellen – (auch: eine Stange Wasser) bedeutet: pinkeln gehen
Wasserklops – der Brunnen auf dem Breitscheidplatz
WC – Abkürzung für wohl kaum
Weiße – Berliner Weiße mit Schuß: umstrittene Art, Bier mit Himbeer- oder Waldmeistersirup zu trinken
Weißkäse – Quark
Willem – 1. Wer einen dicken Willem macht, gibt an; 2. wer einen falschen Willem hat, benutzt ein Haarteil
Wuppdizität – Geschwindigkeit

Z

Zadder – zähe oder sehnige Teile im Fleisch, das auf dem Teller liegt
Zanktippe – Adaption von Xanthippe, Sokrates' zänkische Frau
Zimt – wer Zimt macht, macht Theater
Zitronenneger – Asiat
Zosse – altes Pferd, ausgediente Frau – oder umgekehrt

Geh' aufs Ganze!

Oder: Wissen Sie überhaupt genug, um Berliner werden zu können?

Vielleicht sind Sie nach Lektüre dieses Buches überzeugt, »alles« über die Berliner zu wissen? (Sicher schmeichelhaft für die Autoren, aber vermutlich ein folgenschwerer Irrtum.) Oder haben Sie eher das Gefühl, fernab der Zivilisation Ihr Dasein bei ausgesprochen eigenartigen Ureinwohnern fristen zu müssen? – Der folgende Test kann Ihnen zeigen, wie Ihre Chancen stehen, diesen Schlag Mensch doch noch verstehen zu lernen. Sie können es auch als eine Art Schnellkurs für die eigene Akklimatisierung betrachten. Kreuzen Sie bitte an, was Ihrer Neuberliner Meinung nach stimmt und geben Sie sich anschließend für jede richtige Antwort einen Punkt.

1. Wie reden Sie den mürrischen Handwerker an, der gerade Ihre Küche unter Wasser setzt – und den Sie nicht noch mehr verärgern wollen?
a) Atze b) Meister c) Hirni
2. Was sagen Sie, wenn der Barkeeper das gewünschte Getränk gebracht hat?
a) Danke b) Alles klar! c) Jaouh
3. Was ist ein »Heringsbändiger«?
a) erfolgloser Fischer b) Kaufmann c) Schleppnetz zum Fischfang
4. Wie passieren Sie am leichtesten ohne Einladung den Einlaß zu einer Premierenfeier?
a) Auf die Gästeliste deuten und »Na bitte, da steh' ich doch!« ausrufen b) Erklären, daß Sie Angelika Milsters Bodyguard seien c) Funkgerät ans Ohr halten und »Alles ok, du kannst jetzt kommen« murmeln

5. Was tun Sie, wenn man Ihren »Friedrich Wilhelm« haben will?
a) Sie zeigen Ihren Personalausweis b) Sie geben demjenigen fünf Euro c) Sie unterschreiben, was er Ihnen gerade hinhält
6. Wo übernachtete Thomas Mann in Berlin genauso gern wie Greta Garbo?
a) Bei den »Buddenbrooks« b) Im alten Adlon c) In den Hackeschen Höfen
7. Wieviele Gläser übergibt der größte Hersteller von Spreewaldgurken jährlich dem Handel?
a) 20 Millionen b) 100.000 c) 50.000
8. Was ist die deutsche Übersetzung des türkischen Imbisses »Döner Kebap«?
a) Fleisch in Brottasche b) drehender Braten c) gegrilltes Kalb
9. Wie groß mußten Soldaten sein, um zu den berühmten »Langen Kerls« von Friedrich Wilhelm I. zählen zu dürfen?
a) 1,80 m b) 2,05 m c) 1,90 m
10. Wer verbirgt sich hinter dem Namen »Bao Bao«?
a) Panda-Bär im Zoologischen Garten b) Spitzname des Regierenden Bürgermeisters Klaus Wowereit c) beliebter chinesischer Koch an der Kantstraße
11. Wo warten Sie auf jemanden, der sich mit Ihnen beim »DJ« verabredet hat?
a) Vor der Tür des Clubs b) beim Zugabfertigerkabuff auf dem U-Bahnsteig c) in der CD-Abteilung eines Kaufhauses
12. Was ist eine »Hungerkralle«?
a) Luftbrückendenkmal am Flughafen Tempelhof b) Gabel c) Bezeichnung für eine dünne Frau
13. Wo küssen Sie Ihre Neueroberung?
a) An der Gedächtniskirche, damit ich ihr im Gedächtnis bleibe b) am Märchenbrunnen c) in der schummrigen Eckkneipe, nachdem ich mir mit drei Futschis Mut angetrunken habe
14. Wer hat das Berliner Lieblingsgericht, die Currywurst, kreiert?
a) Heidi Hetzer b) Kalle Gaffkus c) Hertha Heuwer
15. Wie trinken Sie Ihr Bier?
a) Bei Zimmertemperatur b) immer nur aus der Flasche c) aus einem tulpenförmigen Glas
16. Wie wird Berlin noch genannt?
a) Venedig des Ostens b) Metrokohle c) Spree-Athen

17. Woran merken Sie Im Alltag, daß Sie recht haben?
a) Wenn der andere sich entschuldigt b) wenn der andere in Tränen ausbricht c) Als Berliner hat man immer recht!
18. Wer ist an der Bar Ihr großes Vorbild?
a) Mutter Theresa b) Harald Juhnke c) Else Kling aus der »Lindenstraße«
19. Was tragen Sie als Frau zum Presseball?
a) Das gute Stück vom letzten Mal – ist ja schade, wenn man es nur einmal im Leben anziehen kann b) Maßgeschneidertes von Versace c) eine in New York ersteigerte Robe aus dem Nachlaß von Lady Diana
20. Was ziehen Sie als Mann an, wenn auf der Einladung »Smoking« steht?
a) Smoking b) Auberginefarbenen Anzug mit hellrosa Hemd c) Ballonseiden-Jogginghose in elegantem Schwarz

Lösung:

1. b), 2. c), 3. b.), 4. a), 5. c), 6. b), 7. a), 8. b), 9. c), 10. a). 11. b), 12. a), 13. b), 14. c), 15. b), 16. c), 17. c), 18. b), 19. a), 20. b)

Bewertung:

0-7 Punkte
Sehr bedenklich! Sind Sie gestern erst angekommen und können glaubhaft darlegen, daß Sie nie, nie, nie zuvor in Berlin gewesen sind? Dann empfehlen wir, gnädig verzeihend, eine Übungsstunde. Beispielsweise lohnt es sich immer, am Sonnabend kurz vor Ladenschluß die Lebensmittelabteilungen größerer Kaufhäuser aufzusuchen (z.B. Karstadt am Hermannplatz oder Wertheim am Tauentzien), um Sitten und Gebräuche der Ureinwohner zu studieren. Tragen Sie festes Schuhwerk; hier gibt es zwar keine Schlangen, aber Einkaufswagen, die Ihnen unweigerlich in die Hacken gefahren werden. Sollten Sie dieses magere Ergebnis jedoch nach mehr als einem Vierteljahr Aufentbalt im schönen Spree-Athen erzielt haben, kann die Diagnose nur lauten: Hoffnungslos! Lernen Sie zur Strafe Hildchen Knefs Schlager »Ich hab' noch einen Koffer in Berlin« auswendig – oder, besser noch, packen Sie denselben, um sich beschämt von dannen zu machen. Gehen Sie dorthin zurück, wo Sie hergekommen sind!

8-15 Punkte
Naja, nicht schlecht (Sie wissen ja: Gemeckert wird hier zwar gern, gelobt aber freiwillig nicht.). Sie wissen – in der Theorie – eine ganze Menge über Berliner Luft und Berliner Leute. Sie sind bereits zu einem Konzert in die Schwangere Auster eingekehrt, haben mit Forscherdrang Buletten verzehrt und es sich längst abgewöhnt, in der Bäckerei Rundstücke oder Semmeln statt Schrippen für's Frühstück zu ordern. Andererseits haben Sie schon bald einen netten italienischen Feinkosthändler gefunden, der Sie mit seinem wunderbaren Parma-Schinken dem Zwang enthebt, am »Bedientresen« im Supermarkt Schweinskopfsülze kaufen zu müssen. So geht's ja nun auch nicht! Man könnte leicht den Eindruck gewinnen, daß Sie die Stadt und Ihre Bewohner zwar mit der Aufmerksamkeit eines Insektenforschers, aber auch mit dessen Mangel an Leidenschaft unter die Lupe nehmen. Sie können nicht einfach so weiterleben wie bisher! Gehen Sie an die Basis, um Ihr Herz für Berlin zu entdecken. Wir empfehlen den Besuch einer Weddinger Eckkneipe. Zieren Sie sich nicht, wenn Ihnen Ihr neuer Bekannter am Tresen einen Futschi ausgeben will! Spätestens nach dem dritten stellen Sie so viele Gemeinsamkeiten fest, daß leicht eine Freundschaft für's Leben dabei entstehen kann.

16 Punkte und mehr
Sie sind Taxifahrer, stimmt's? Oder haben Sie etwa gemogelt ...? Anders ist Ihr geradezu unheimliches Fachwissen kaum zu erklären. Wahrscheinlich können Sie auch noch aus der Lameng die Zutaten für Hertha Heuwers legendäre Soße, die aus der Brat- die Currywurst macht, aufzählen. Damit wagen Sie sich allerdings auf gefährlich dünnes Eis: Da »echte« Berliner es keinesfalls nötig haben, mit den Errungenschaften ihrer Stadt zu prahlen – Motto: Wer nicht sieht, daß es im Charlottenburger Schloßpark schön ist, dem ist sowieso nicht zu helfen! –, können Sie Ihre Integration leider nur durch überlegtes Den-Mund-Halten erzielen, sonst ist Ihr Ruf als Angeber und Besserwisser zementiert. Sollten Sie trotzdem weiterhin von Jahreszahlen, kunstgeschichtlichen Details und städtebaulichen Einschätzungen übersprudeln, so können Sie das eigentlich nur kanalisieren, indem Sie selbst Stadtführungen veranstalten. Aber wollen Sie Touristen auf den Geschmack bringen, auch noch hierherzuziehen ...? Eine übermächtige Verantwortung.

Nachwort

Sie haben wahrscheinlich an diesem Buch eine Menge auszusetzen. Wir haben es nicht anders erwartet. Aber damit sind Sie auf dem richtigen Weg! Ein Berliner meckert nun mal. Üben Sie brav weiter!

Die Autorinnen

Carmen Böker, Jahrgang 1967, Germanistin und Journalistin, seit 1986 in Berlin.
Silvia Meixner, Jahrgang 1966, Journalistin, gebürtige Wienerin, seit 1991 in Berlin.